I0173047

R.E.I. Editions

Tutti i nostri ebook possono essere letti sui seguenti dispositivi:
- Computer
- eReader
- iOS
- Android
- Blackberry
- Window
- Tablet
- Cellulare

Mantelli - Brown - Kittel - Graf

Boeing B-29

La Super Fortezza

ISBN: 9782372973144

Pubblicazione: gennaio 2017
Nuova edizione interamente riveduta e aggiornata: marzo 2026
Copyright © 2017-2026 R.E.I. Editions
www.rei-editions.com

Mantelli - Brown - Kittel - Graf

Boeing B-29
La Super Fortezza

R.E.I. Editions

Indice

6

7

B-29 Superfortress

Il Boeing B-29 Superfortress (Model 341/345) era un bombardiere strategico, quadrimotore a elica e ala media, sviluppato dall'azienda aeronautica statunitense Boeing nei primi anni quaranta, famoso per aver preso parte alla campagna di bombardamento sul Giappone da parte dell'United States Army Air Forces (USAAF) durante la Seconda guerra mondiale, e per aver inaugurato l'era nucleare.

- Fu anche il più grande e pesante tra gli aerei ad aver prestato servizio operativo nel conflitto.

Un bombardiere strategico è un velivolo pesante progettato per trasportare grandi quantitativi di carichi bellici fino a un obiettivo distante, con lo scopo di diminuire la capacità di un nemico di sostenere lo sforzo bellico.

A differenza dei bombardieri tattici, che sono utilizzati per attaccare truppe ed equipaggiamenti in prossimità del fronte del campo di battaglia, i bombardieri strategici sono pensati per inoltrarsi in profondità nel territorio nemico per distruggere obiettivi strategici come città, fabbriche e installazioni militari principali.

Oltre che per il bombardamento strategico, questo tipo di aereo può, comunque, essere impiegato per il bombardamento tattico.

- Solo quattro nazioni impiegano bombardieri strategici nucleari: Stati Uniti d'America, Russia, India e Cina.

Nato come bombardiere diurno d'alta quota, venne, invece, spesso utilizzato per bombardamenti incendiari notturni a bassa e media quota sul Giappone, nonché per lo sgancio delle due bombe atomiche su Hiroshima e Nagasaki.

I due esemplari che operarono il bombardamento atomico vennero denominati "Enola Gay" e "BOCKSCAR".

- Il B-29 fu il singolo progetto più costoso di tutta la Seconda guerra mondiale: il suo sviluppo richiese investimenti per tre miliardi di dollari.

È considerato il bombardiere più efficace della guerra sotto ogni aspetto nonché il più avanzato bombardiere Alleato.

Se confrontato con il B-29, nessuno dei maggiori aerei da combattimento della seconda guerra mondiale ha beneficiato di un intervallo di tempo così ridotto (meno di venti mesi) tra il primo volo del prototipo e la prima comparsa sul territorio nemico, indipendentemente dalle dimensioni del velivolo: in realtà, anche se particolarmente avanzato dal punto di vista aerodinamico, dei sistemi e dei concetti operativi, il B-29 era, invece, abbastanza convenzionale nella cellula e nella costruzione.

Il programma per la produzione del B-29, al di fuori dell'aspetto addestrativo di maestranze e dirigenti, mostrò come l'industria aeronautica potesse essere del pari innovativa e sufficientemente flessibile per costruire in breve tempo il più grande e avanzato aereo al mondo.

Il programma "B-29" consentì, quindi, all'industria aeronautica e alle forze aeree degli Stati Uniti di acquisire un notevole "know-how" nella produzione di aerei complessi: nello specifico caso, non è errato affermare che l'industria aeronautica fece probabilmente di più per rafforzare l'Aviazione di quanto non avesse fatto l'Aviazione stessa.

- Il totale degli esemplari ordinati prima del "VJ Day" (Giorno della vittoria sul Giappone) fu di 9.052 unità, poi ridotti a 3.965.

Nel corso della seconda guerra mondiale, il B-29 sganciò 54.917 tonnellate di bombe esplosive, 109.068 tonnellate di bombe incendiarie e 12.000 mine, con la perdita di 377 aerei, 344 in combattimento e 37 per altre cause.

A oggi, numerosi B-29, tra cui alcuni ancora in perfette condizioni di volo, sono conservati presso musei aeronautici, basi militari e istituzioni private.

In particolare, sono sopravvissuti anche i due velivoli che presero parte ai bombardamenti atomici sul Giappone:

- Enola Gay è attualmente conservato in un hangar della Smithsonian Institution di Washington, D.C.

- Boxcar, ancorché limitatamente alla sola fusoliera, è esposto all'interno del Museo dell'USAF alla Base Aerea di Wright-Patterson di Dayton, nell'Ohio.

Storia

La necessità di disporre di una nuova generazione di bombardieri strategici in modo tale da colpire obiettivi in Europa o Asia diede luogo al programma di sviluppo per un aereo a lunghissimo raggio.

Il primo a concepire fin dagli anni trenta la necessità per gli Stati Uniti di dotarsi di bombardieri strategici, più pesanti del Boeing B-17 Flying Fortress che ancora doveva essere messo in produzione, fu il generale di divisione Oscar Westover, comandante dell'United States Army Air Corps, poi morto in un incidente aereo il 21 settembre 1938.

Gli successe nell'incarico il generale Henry H. Arnold che ne continuò l'opera a favore di un bombardiere "molto pesante".

La Boeing iniziò le sue esperienze con aerei militari di dimensioni molto grandi già nel 1934.

Realizzò per l'USAAC il Model 294, un prototipo di grandi dimensioni che prese la denominazione militare di XB-15: l'aereo era stato pensato per adottare quattro motori da 1.000 hp, ma non essendo disponibili alla data della costruzione, venne equipaggiato con motori da 850 hp che lo resero troppo lento e, quindi, inutilizzabile per scopi militari.

Il prototipo rimase unico e non venne costruito in serie.

Venne allora progettato un aereo migliorato, con ala alta, carrello triciclo e gli annunciati motori Wright R-3350 Duplex Cyclone da 2.000 hp.

Il progetto, denominato Model 316 non venne realizzato, stante l'indisponibilità dei motori.

Per quanto impegnata nello sviluppo del B-17, la casa di Seattle lavorò in parallelo su una versione della "fortezza volante" a più lungo raggio e con cabina pressurizzata.

L'esperienza maturata con il 307 Stratoliner, il primo aereo commerciale pressurizzato, portò prima al disegno del Model

332 del marzo 1938, una versione pressurizzata del B-17 e con motori radiali Pratt & Whitney R-2180.

I motori radiali Pratt & Whitney vennero sostituiti nel progetto successivo, il Model 333A, disegnato a fine 1938 per utilizzare quattro Allison V-1710 a dodici cilindri raffreddati ad acqua, installati in tandem e in grado di erogare 1.150 hp, ma nel febbraio 1939, l'ufficio progetti della Boeing, tornò ai motori radiali con il Model 333B.

Il mese successivo, marzo 1939, venne proposto alla forza aerea un nuovo sviluppo, il Model 334.

Il grande aereo, in pratica un derivato del Boeing B-17 Flying Fortress, pressurizzato e con carrello d'atterraggio triciclo, adottava i nuovi motori Wright R-3350 Cyclone da 2.100 hp con turbocompressore General Electric B-11.

L'ala aveva una apertura di 37 metri (120 piedi), sufficientemente grande da ospitare carburante per una autonomia di 8.300 km (4.500 miglia) e un impennaggio bideriva.

Una nuova revisione del progetto, portò nel luglio 1939 al Model 334A, di fatto il capostipite della famiglia dei B-29.

- Il prototipo non aveva più l'impennaggio gemellato, ma utilizzava un unico grande timone verticale.

L'ala era stata ulteriormente allungata a 41 metri (135 piedi) e i motori scelti erano i Wright R-3350.

L'aereo fu presentato all'USAAC e, malgrado questa non avesse all'epoca risorse per finanziare ulteriori studi sul progetto, la Boeing continuò lo sviluppo a suo rischio e con propri fondi: un simulacro a grandezza naturale del prototipo fu pronto per il dicembre 1939.

Nello stesso dicembre 1939, il generale Arnold fu autorizzato a emettere un requisito per un velivolo più grande del B-17 e del B-24, un cosiddetto Very Long-Range (VLR) bomber, in grado di trasportare 9.070 kg (20.000 libbre) di bombe fino a un obiettivo distante 4.290 km (2.667 miglia) alla velocità di 640 km/h (400 miglia orarie).

La Boeing inizialmente valutò di aggiudicarsi la fornitura, basandosi sugli studi già portati avanti autonomamente e sviluppò il Model 341, una ulteriore evoluzione del Model 334, una nuova versione che differiva dalla precedente in quanto ulteriormente più grande e dotato di nuovi profili alari.

L'USAAC comunicò formalmente le specifiche per il nuovo aereo il 29 gennaio 1940 e invitò per la fornitura la Boeing, la Consolidated Aircraft Corporation, la Lockheed e la Douglas Aircraft Company.

- Il nuovo bombardiere doveva trasportare 7.250 kg (16.000 libbre) di bombe per 8.600 km (5.333 miglia) a una velocità media di 644 km/h (400 miglia orarie), garantendo un minimo di comfort a bordo per chi avesse dovuto viaggiare, viste le circostanze, per dodici/quattordici ore di fila.

La Boeing rispose proponendo il Model 345 l'11 maggio 1940, in competizione con un progetto Consolidated, il cui Model 33 divenne, più tardi, il B-32 Dominator, con la Lockheed, che presentò il Lockheed XB-30, e la Douglas Aircraft Company che presentò il Douglas XB-31.

Il Model 345 era l'ulteriore evoluzione del Model 341 e differiva dal predecessore per un nuovo carrello di atterraggio, con ruote doppie e gambe che si ritraevano nelle gondole motore e non nell'ala, e per l'adozione di torrette difensive telecomandate, in pratica le caratteristiche principali del futuro B-29.

Il rischio tecnico e industriale era altissimo: il solo prototipo sarebbe costato molto più di quanto poteva essere stanziato, e la produzione in serie avrebbe potenzialmente portato molte delle risorse disponibili al collasso: il tutto senza contare lo sforzo tecnico e ingegneristico che, all'epoca del progetto (1940) consisteva in una vera e propria sfida.

La Douglas e la Lockheed abbandonarono presto la competizione e la Boeing, il 24 agosto 1940, ricevette un ordine per due prototipi volanti, ai quali venne assegnata la designazione XB-29, più una cellula per i collaudi statici: l'ordine venne modificato il 14 dicembre, con l'aggiunta di un terzo esemplare volante.

La Consolidated continuò a lavorare sul suo Modell 33, che fu tenuto in considerazione dall'Air Corps, come riserva in caso di problemi con il progetto Boeing.

- Nel maggio 1941, venne assegnato alla Boeing un ordine iniziale per la produzione di 14 aerei di preserie, più 250 bombardieri di produzione.

I necessari stanziamenti arrivarono con l'entrata in guerra degli USA a seguito dell'attacco di Pearl Harbor il 7 dicembre 1941: il programma ottenne tre miliardi di dollari per lo sviluppo e altrettanti per la fabbricazione in serie.

- L'ordine fu incrementato a 500 aerei nel gennaio 1942 e poi a 1.500 bombardieri.

Il velivolo da combattimento che ne derivò, dopo un'evoluzione passata attraverso la struttura stessa del B-17, e attraverso alcune notevoli riprogettazioni, con velocità stimate anche superiori ai 640 km/h, aveva il doppio del peso, dello spessore del rivestimento esterno, della potenza, dell'autonomia e del carico utile rispetto al predecessore, con costi unitari di un ordine di grandezza superiori rispetto a quelli del Fortress, che già costava quanto una decina di Curtiss P-40.

- L'esborso di 639.188 dollari del 1942 per ogni aereo equivale a un prezzo unitario di 3 miliardi di dollari attuali, il che fa del B-29 il sistema d'arma più costoso di tutto il secondo conflitto mondiale.

Il primo prototipo effettuò il suo volo inaugurale da Boeing Field, di Seattle il 21 settembre 1942.
A causa del progetto estremamente innovativo dell'aereo, la complessità dei requisiti richiesti e la grande pressione sulle linee di produzione, le fasi iniziali del progetto furono molto travagliate.
Il secondo prototipo, diversamente dal primo che era disarmato, venne equipaggiato con un sistema di armamento difensivo della Sperry che adottava torrette per i mitraglieri comandate a distanza, per il cui puntamento utilizzavano dei periscopi.
Il primo volo di questo secondo prototipo avvenne il 30 dicembre 1942 e venne interrotto a causa di un grave incendio a un motore.
Il 18 febbraio 1943 lo stesso aereo precipitò durante il suo secondo volo di prova, in quanto un altro incendio del motore questa volta si propagò all'ala e l'aereo cadde su una fabbrica posta ai margini della pista di atterraggio.

Nell'incidente rimase ucciso l'intero equipaggio di 10 uomini e alle vittime si aggiunsero altri 20 morti tra le persone coinvolte a terra.

Le modifiche agli aerei di produzione furono così frequenti e così veloci, che all'inizio del 1944 i B-29 volavano dalle linee di produzione direttamente a officine di modifica per essere sottoposti a estese rilavorazioni necessarie per incorporare le ultime varianti progettuali.

L'Air Force gestiva le officine di modifica lottando con l'ampiezza delle rilavorazioni richieste e la mancanza di hangar in grado di ospitare i B-29, il tutto combinato con il gelo che rallentava i lavori.

- La situazione era tale, che alla fine del 1943, sebbene 100 aerei fossero stati consegnati dalle linee di produzione, soltanto il 15% era impiegabile.

Questo stato di cose, causò un intervento del generale Henry "Hap" Arnold che si occupò di risolvere il problema: venne, infatti, inviato personale dalle linee di produzione delle fabbriche, ai centri di modifica per accelerare le lavorazioni e avere un numero di aerei sufficiente a equipaggiare il primo gruppo da bombardamento, in quella che fu chiamata "la battaglia del Kansas".

150 aerei furono modificati nelle sei settimane tra il 10 marzo e il 15 aprile 194: era passato, quindi, quasi un anno prima di avere aerei in grado di operare in modo affidabile.

Il processo di costruzione del B-29 era complesso e furono interessati quattro stabilimenti principali per l'assemblaggio: due stabilimenti gestiti dalla Boeing a Renton nello stato di Washington e a Wichita in Kansas, uno stabilimento della Bell Aircraft Corporation a Marietta in Georgia ("Bell-Atlanta"), e uno stabilimento della Martin a Omaha nel Nebraska ("Martin-Omaha").

Furono coinvolti nel progetto migliaia di subappaltatori.

Nel giugno 1943 ebbe inizio la consegna dei 14 esemplari preserie e le unita dell'Aeronautica cominciarono subito a operare con il nuovo bombardiere: i primi aerei di serie, invece, furono consegnati nell'autunno dello stesso anno.

Alla fine del 1943 i comandi militari decisero di non impiegare questo tipo di aereo in Europa, ma di concentrare l'intervento dei B-29 contro obiettivi giapponesi, operazione in cui la lunghissima autonomia dei B-29 si sarebbe dimostrata utilissima.

- La produzione del B-29 raggiunse le 2.527 unità prima che venisse introdotto il modello successivo, il B-29A.

Quest'ultimo aveva un'apertura alare di 30 cm (12 pollici) superiore al tipo precedente, motori Wright R 3350-57 o 59, pure con cilindri a stella, una ridotta capacità dei serbatoi e una torretta dorsale anteriore con quattro armi invece di due.

Questo tipo di torretta era stato montato, anche sugli ultimi esemplari prodotti di B-29, cui mancava il cannoncino da 20 mm della torretta nel settore di coda.

- Prima del maggio 1946, quando cessò la produzione di B-29 A, vennero costruiti 1.119 esemplari di questo tipo.

Con il declino della potenza aerea giapponese fu possibile eliminare dai B-29 l'armamento difensivo e il suo equipaggiamento ausiliario, ad eccezione delle torrette di coda.

Ciò permise di aumentare grandemente il carico offensivo: questo espediente si dimostro così felice che da allora fu prodotto il tipo con denominazione B-29B, di cui furono costruiti 311 esemplari.

Riassumendo, il primo B-29 di produzione esce dalle catene di montaggio nel Settembre 1943.

L'aereo viene costruito in quattro diversi stabilimenti, in modo da velocizzare la produzione:

- Stabilimento Boeing di Wichita (Kansas): 1.644 unità.
- Stabilimento Boeing di Renton (Stato di Washington): 1.122 unità.
- Fabbrica Bell Aircraft a Marietta (Georgia): 668 esemplari.
- Fabbrica Glenn L. Martin a Omaha (Nebraska): 536 esemplari, compresi bombardieri destinati ad attacchi nucleari.

Tecnica

Il B-29 era un apparecchio da bombardamento pesante, con struttura monoplana e interamente metallica, con fusoliera a sezione cilindrica costante per circa il 70% della lunghezza, concepito per le alte quote, quadrimotore e complessivamente convenzionale nelle forme, anche se realizzato con tecnologie all'avanguardia: impiantistica schermata, armi telecomandate, abitacolo pressurizzato e un sistema elettrico e idraulico di complessità senza precedenti.

L'aereo disponeva complessivamente di sette generatori: due su ciascun motore esterno, uno su ciascun motore interno e una APU. La cellula rappresentava un'innovazione radicale rispetto alle tradizioni della Boeing, e comportò l'uso di nuove leghe metalliche e di nuove tecniche costruttive.

Dove i B-17 avevano adottato una struttura in travi tubolari per le loro ali, una tecnica che risaliva al Monomail del 1930, la sottile ala del B-29 e i massicci flap che vi erano montati richiedevano una struttura completamente nuova, una struttura che avrebbe indicato la strada ai futuri sviluppi dell'era dei jet.

- L'ala a bassa resistenza era rivoluzionaria per l'epoca e prese il nome di progetto 117: il profilo alare utilizzato generava il doppio della portanza dell'ala del B-17.

Il generale LeMay affermava: "È stata l'ala a fare l'aeroplano".

A muovere il B-29 erano 4 motori Wright R-3350 raffreddati ad aria, con 18 cilindri nella configurazione a doppia stella in tandem, e una cilindrata complessiva di 55 litri.

Il propulsore era dotato di un serbatoio dell'olio auto stagnante congruo con le proporzioni generali del gigante che conteneva 322 litri.

Avevano una potenza al decollo di 2.200 hp, ma un impianto a doppio turbocompressore della General Electric consentiva a

22

7.600 metri (25.000 piedi) di ristabilire una potenza di ben 2.300 hp, in casi d'emergenza, sviluppando un cavallo di potenza motrice per ogni libbra di peso del motore.

- Il motore, però, divenne la causa più comune di incidenti gravi e, quindi, di preoccupazione per i manutentori.

Nel tempo, il Wright R-3350 divenne un "cavallo da tiro" affidabile, paragonandolo ad altri grandi motori a pistoni, ma i primi modelli erano afflitti da pericolosi problemi di affidabilità, per lo più causati dalla fretta di impiegare il B-29 nel più breve tempo possibile nei teatri operativi.

Il motore aveva un impressionante rapporto potenza-peso, ma questa prestazione era ottenuta a scapito della sua durata: a peggiorare la situazione, le coperture del motore furono progettate dalla Boeing troppo vicine alla meccanica, in quanto venne privilegiato il miglioramento dell'aerodinamica.

Il primo disegno dei flabelli motore utilizzati per il raffreddamento causava vibrazioni e pericolosi fenomeni di flutter nella posizione aperta nella maggior parte delle condizioni dell'inviluppo di volo.

- I 18 cilindri del motore radiale, disposti su due stelle compatte, una anteriore e una posteriore, mostravano una preoccupante tendenza della stella dei cilindri posteriori a surriscaldarsi a causa dell'insufficiente flusso d'aria refrigerante, conseguenza della scelte progettuali fatte sulle carenature.

Per mitigare l'inconveniente vennero introdotte alcune modifiche per ottenere più raffreddamento alle basse velocità e gli aerei vennero inviati in tutta fretta nel teatro del Pacifico nel 1944.

La decisione non si rivelò saggia, in quanto le tattiche iniziali di impiego delle "Superfortezze", prevedevano di operare con il carico massimo e da aeroporti con alte temperature a terra.

In queste condizioni, i motori si surriscaldavano regolarmente, particolarmente durante la salita dopo il decollo.

Le valvole di scarico si dilatavano e la miscela aria-combustibile agiva come un cannello ossiacetilenico sui gambi delle valvole: quando questi si distruggevano, le valvole venivano aspirate nei cilindri e prendevano fuoco.

L'incendio risultante, non essendo nella parte anteriore, ma in quella posteriore del motore, non veniva spento dagli estintori di bordo e diveniva impossibile da controllare.

Inoltre, un componente ausiliario del motore, realizzato con leghe ad alto contenuto di magnesio e installato nella parte posteriore, spesso prendeva fuoco e produceva un calore talmente intenso da superare il rivestimento antifiamma del vano motore.

- In queste condizioni, l'incendio si propagava ai longheroni delle ali, in non più di 90 secondi, causando la rottura dell'ala dell'aereo con effetti catastrofici.

Oltre a essere soggetti agli incendi per vari problemi sia strutturali sia di raffreddamento, i motori Wright R-3350 erano in verità insufficienti per la mole della macchina: 8.800 hp non bastavano per le 60 tonnellate lorde del Superfortress, e la carriera operativa svolta nel caldo torrido delle latitudini tropicali non poteva che peggiorare gli sforzi.

L'R-3350 avrebbe avuto bisogno di diversi anni di messa a punto in più di quelli che furono concessi: entrò in servizio ancora non completamente a punto, diventando l'incubo dei meccanici e una preoccupazione per i piloti, in particolare quando si trattava di decollare a pieno carico da una corta pista in corallo triturato.

- Il problema non venne risolto fino a che non vennero adottati i più potenti Pratt & Whitney R-4360 "Wasp Major" con il programma B-29D/B-50, che però arrivò troppo tardi per la seconda guerra mondiale.

Come soluzione provvisoria, vennero poste delle appendici sulle pale delle eliche per deviare una quantità maggiore di aria refrigerante nelle aperture di raffreddamento dei motori: le aperture vennero anche dotate di deflettori per indirizzare un flusso d'aria specifico sulle valvole di scarico dei motori.

Venne aumentata la quantità di olio per le valvole e furono messe guarnizioni di asbesto al motore per prevenire le perdite d'olio.

I velivoli vennero sottoposti a ispezioni prevolo molto accurate, nelle quali si controllava l'eventuale presenza di valvole motore fuori posto.

- I cinque cilindri più in alto vennero sostituiti più frequentemente, ogni 25 ore di funzionamento del motore, e l'intero motore veniva sostituito ogni 75 ore di funzionamento.

I piloti, compresi quelli dei giorni nostri ai comandi del Fifi della Commemorative Air Force, l'ultimo B-29 tuttora in grado di volare, descrivono il volo dopo il decollo come una lotta disperata per guadagnare velocità, mentre in altri velivoli, in genere, il volo dopo il decollo è uno sforzo per raggiungere quota.

I motori radiali necessitano di un adeguato flusso d'aria per il raffreddamento e il non riuscire a raggiungere in tempo un'adeguata velocità, potrebbe avere come effetto guasti ai motori e rischio di incendio.

Evoluzione dei motori del B-29:

- XB-29 – Motore Wright R-3350-13 - 2.200 hp (1.600 kW)
- B-29 – Motore Wright R-3350-23 – 2.230 hp (1.660 kW)
- B-29A - Motore Wright R-3350-23 – 2.230 hp (1.660 kW)
- XB-39 – Motore Allison V-3420-11 – 3.042 hp (2.268 kW)
- XB-44 – Motore P&W R-4360-33 – 3.042 hp (2.268 kW)
- B-50A – Motore P&W R-4360-35 – 3.549 hp (2.646 kW)
- B-50D – Motore P&W R-4360-35 – 3.549 hp (2.646 kW)

L'equipaggio, per la prima volta in un bombardiere, poté godere del comfort di una completa pressurizzazione.

Il sistema di pressurizzazione del B-29 fu sviluppato dalla Garrett AiResearch e si trattò del primo mai costruito per un bombardiere prodotto in serie alleato.

La Boeing aveva in precedenza costruito il 307 Stratoliner, che fu il primo aereo di linea commerciale con cabina completamente pressurizzata e che fu prodotto soltanto in dieci esemplari.

A differenza di aerei della stessa epoca, come lo Junkers Ju 86P, ai quali la cabina pressurizzata fu aggiunta in un secondo momento, il B-29 fu progettato dall'inizio con un sistema di pressurizzazione.

Foto dell'interno della cabina posteriore pressurizzata del B-29, giugno 1944.

La parte anteriore e il cockpit erano pressurizzati, così come la parte posteriore.

I progettisti dovettero prendere la decisione se lasciare il vano bombe non pressurizzato, o mettere in pressione tutta la fusoliera, il che avrebbe creato la necessità di depressurizzare l'aereo ogni volta prima del lancio delle bombe.

La decisione presa fu di progettare un lungo tunnel al di sopra dei due vani bombe, di modo che i membri dell'equipaggio potessero spostarsi dalla parte anteriore alla posteriore, entrambe pressurizzate come il tunnel.

- Il vano bombe rimase, quindi, a pressione ambiente.

Un ulteriore progetto era conosciuto inizialmente come XB-29D, ed era capace di porre rimedio alla maggiore carenza del B-29: il rapporto potenza-peso. Questo si rimediava con i motori da 3.500 hp messi a punto e usati anche, ma in sei esemplari, dal B-36 Peacemaker.

Lo sviluppo si trascinerà per parecchio tempo, con l'uso di una lega più resistente e una coda più alta di 1,7 metri: alla fine ne venne fuori un velivolo quasi totalmente diverso, chiamato B-50. Questo velivolo, da oltre 600 km/h, raggiungeva grossomodo le prestazioni velocistiche richieste originariamente, ma consumava anche qualcosa di più rispetto al meno potente B-29.

- Con questi motori di nuova generazione, i Wright R-4360, uno dei 3.970 B-29 costruiti venne sperimentato fin dal 1944.

La fine della guerra tuttavia fece sì che l'ordine per 200 B-29D venisse ridotto a 60, e che il progetto non fosse semplicemente rimotorizzato, ma venisse riprogettato con leghe più leggere e resistenti.

In seguito, un B-50 farà il periplo del globo (con il rifornimento in volo), e l'entrata in servizio sarà fatta attorno al 1948.

Ma per l'epoca, il B-50 venne considerato un bombardiere "medio" e l'uso delle grandi bombe atomiche dell'epoca chiedeva che il velivolo dovesse essere sollevato dal terreno per farle entrare sotto, nel vano bombe: prodotto in circa 400 esemplari, non fu usato in Corea, ma venne utilizzato sopratutto come ricognitore e aero rifornitore.

Caratteristica del B-29 era anche la differente disposizione delle manette rispetto agli altri bombardieri.

Infatti, invece di essere al centro tra i due piloti, esistevano tre gruppi di quattro manette a disposizione del pilota (alla sua sinistra), e quattro a disposizione del co-pilota (alla sua destra).

Infine, quattro a disposizione del navigatore: vedasi nell'immagine seguente le quattro leve con pomello blu a disposizione di pilota, co-pilota e arancioni per il navigatore.

Calcolo del consumo di carburante

Per una missione riguardante un obiettivo situato, ad esempio, a 2.768 km dalla base di partenza, sono previsti 18.050 kg di carburante.

Il calcolo viene effettuato come segue:

- Scaldare i motori e rullare in pista: 225 kg di benzina.
- Decollo: 108 kg .
- Raggiungimento di un'altitudine di 1.500 metri: 150 kg.
- Volare a 1.500 metri, alla velocità di crociera di 328 km/h: 7.308 kg.
- A 265 km dall'obiettivo l'aereo saliva a 6.000 metri, consumando 1.087 kg di carburante.
- Arrivati a questa quota, il consumo è di poco superiore ai 3,1 kg per km e scende a 2,8 kg dopo lo sgancio delle bombe.
- L'aereo inizia il volo di ritorno. Quando si è allontanato di circa 90 km dall'obiettivo e non rischia più attacchi da parte della difesa antiaerea, scende gradualmente fino a 4.500 metri. I consumi salgono a 2,19 kg/km.
- La fase di atterraggio inizia a 384 km dalla base, il consumo sale a 1,85 kg/km.
- La missione dura 15 ore e 28 minuti. La distanza percorsa è di 5.536 km. La velocità media è di 358 km/h.

  Il consumo di carburante è di 15.550 kg e nei serbatoi rimane una riserva di 2.500 kg.

Armamento

Il B-29 era in grado di volare fino a una quota di 12.200 metri (40.000 piedi) a velocità fino a 650 km/h (350 nodi).

Queste prestazioni rappresentavano la sua migliore difesa, in quanto i caccia giapponesi del tempo potevano a malapena raggiungere quote del genere e pochi potevano avvicinarsi ai B-29, qualora fossero rimasti in attesa alla quota giusta.

Solo le armi antiaeree più pesanti potevano colpirli e, poiché per tutta la durata della seconda guerra mondiale le forze dell'asse non avevano artiglieria con spoletta di prossimità, colpire o danneggiare questi bombardieri da terra era quasi impossibile.

Per il B-29 venne progettato il rivoluzionario Central Fire Control System - CFCS (sistema centralizzato per il controllo di fuoco).

- Sull'aereo erano presenti quattro torrette comandate a distanza, ognuna armata con due mitragliatrici M1919 Browning da 7,62 mm (.30).

Le torrette del Boeing B-29 Superfortress erano una delle innovazioni più avanzate del bombardiere durante la Seconda guerra mondiale: erano torrette telecomandate con mitragliatrici pesanti, un sistema molto moderno per l'epoca.

- Il B-29 usava il Central Fire Control System.

Il sistema usava computer analogici elettromeccanici, sensori di movimento e calcolatori balistici.

Non era un computer digitale come oggi, ma un sistema di ingranaggi, motori elettrici, giroscopi e camme meccaniche: questi componenti calcolavano fisicamente la soluzione di tiro.

Infatti, quando un cannoniere puntava il mirino, il sistema calcolava:

- La distanza del bersaglio
- L'angolo di movimento
- La velocità relativa
- La caduta del proiettile
- Il tempo di volo del proiettile

Poi la torretta si orientava automaticamente nel punto giusto: in pratica il cannoniere puntava il caccia nemico e il computer faceva il resto.

Una cosa utilissima era che un solo cannoniere poteva controllare 2 torrette, oppure anche 4 torrette in emergenza.

Il sistema decideva, quindi, quali armi avevano il miglior angolo e quali sparavano.

Se un cannoniere veniva ferito, un altro poteva prendere il controllo delle sue torrette, aumentando molto la sopravvivenza del bombardiere.

Un cannoniere poteva, quindi, controllare più torrette allo stesso tempo: questo sistema era progettato da General Electric ed era considerato rivoluzionario nel 1944.

- **Torretta dorsale (superiore)**

Era situata sopra la fusoliera, circa al centro dell'aereo, ed era armata con 2 mitragliatrici Browning M2 calibro .50 (12,7 mm), c da un cannoniere tramite mirini periscopici.

Alcune versioni avevano anche 4 mitragliatrici.

Ogni mitragliatrice aveva circa 500-1.000 colpi per arma con una cadenza di tiro di circa 750–850 colpi/minuto.

- **Torretta ventrale (inferiore)**

Era posizionata sotto la fusoliera, e anch'essa era dotata di 2 Browning .50 (12,7 mm).

Difendeva l'aereo dagli attacchi dal basso.

- **Torretta posteriore superiore**

Era situata dietro l'ala ed era equipaggiata con 2 mitragliatrici
.50 (12,7 mm).
Assicurava la difesa superiore posteriore.

- **Torretta posteriore inferiore**

Era situata sotto la fusoliera posteriore, ed era equipaggiata
anch'essa con 2 mitragliatrici .50 (12,7 mm).

- **Torretta di coda**

Il mitragliere di coda stava in una cabina pressurizzata, ed era
seduto dietro un mirino ottico stabilizzato.
Era dotata di 2 o 4 mitragliatrici Browning M2 da .50 (12,7
mm).
In alcune versioni anche un cannone da 20 mm.

La cosa geniale era la sovrapposizione dei campi di tiro, ovvero
non c'erano quasi punti ciechi perché:
- Le torrette superiori si sovrapponevano
- Le torrette inferiori si sovrapponevano
- La coda copriva il retro
- Un caccia doveva entrare sotto il fuoco di almeno 2
  torrette.

Le armi erano controllate da quattro mitraglieri che si aiutavano
con quattro computer analogici della General Electric: ogni
mitragliere, a eccezione di quello di coda, poteva controllare più
di una postazione difensiva contemporaneamente.
Uno dei mitraglieri trovava posto al di sopra del Sistema di
puntamento Norden nel naso e gli altri tre erano sistemati in
compartimenti pressurizzati nella parte posteriore della fusoliera,
che aveva dei finestrini a bolla.
Il mitragliere della postazione posteriore superiore, era il
mitragliere detto "Central Fire Control gunner", il cui incarico

era quello di coordinare l'operato degli altri tre addetti alle armi evitando confusione nel corso della battaglia.

Torretta ventrale armata con due mitragliatrici M2 calibro 12,7 mm e comandata a distanza.

I sistemi CFCS avevano dei computer analogici altamente avanzati per l'epoca, in grado di compensare il tiro tenendo conto della velocità del B-29, della velocità e peso del bersaglio, forza di gravità, temperatura e umidità.

Grazie a questo ausilio, il tiro utile delle mitragliatrici calibro 7,62 mm del B-29 aveva un raggio effettivo di 914 metri (1.000 yd), il doppio del raggio di tiro utile raggiungibile con le mitragliatrici puntate a mano sui B-17 Flying Fortress.

Il mitragliere di coda poteva controllare solo le sue armi: due M1919, nei primi esemplari di produzione, un cannone da 20 mm M2 e la torretta inferiore posteriore.

Dopo la seconda guerra mondiale, le torrette di coda furono dotate del proprio radar APG-15 di puntamento.

All'inizio del 1945, con un cambiamento nella modalità di impiego, passando da quello di bombardiere diurno da alta quota a bombardiere notturno a bassa quota, secondo resoconti, il generale LeMay ordinò la rimozione della maggior parte dell'armamento difensivo e dei sistemi di puntamento da remoto dai suoi B-29, di modo che potessero imbarcare una maggiore quantità di carburante e bombe.

Come effetto di queste richieste, la Bell Marietta (BM) produsse una serie di 311 B-29B senza sistemi di mira e torrette, armate con la sola torretta di coda, nella quale trovavano posto due mitragliatrici Browning M1921 calibro 12,7 mm e un cannone M2 da 20 mm, più il radar di puntamento APG-15.

- Questo armamento venne poi modificato in tre mitragliatrici M1919 da 7,62 mm.

Questa versione era dotata inoltre di un radar APQ-7 "Eagle" migliorato per il puntamento per le operazioni di bombardamento anche in condizioni di cattivo temp: questo radar era installato nella parte inferiore della fusoliera, coperto da un radome a profilo aerodinamico.

- La maggior parte di questi aerei venne assegnata al 315th Bomb Wing, con base Northwest Field, nell'isola di Guam.

La mancanza di una torretta frontale come nel caso del B-17G rendeva più vulnerabile il B-29 ad azioni nel settore anteriore, ma la sua velocità rendeva tale pericolo trascurabile; la vetratura era estesa ma il muso offriva ben poca protezione dal fuoco nemico non avendo corazzature anteriori.

Anche così era un aereo eccezionale, con uno spessore del rivestimento raddoppiato rispetto al già rispettabile B-17, e capacità globali e d'alta quota tali da superare quelle dei caccia e dei bombardieri esistenti.

Impiego

Le dottrina pre-belliche dell'U.S. Army Air Corps prevedevano che i bombardieri, raggruppati in formazioni non scortate, venissero impiegati per attacchi strategici condotti in quota, primariamente su aeroporti e obiettivi connessi all'industria aeronautica.

Nell'aprile 1943 i generali Arnold e Marshall concordarono un "piano per il corretto impiego del B-29 contro il Giappone" e promossero un'accelerazione della produzione del velivolo: in quel momento solo due prototipi avevano già volato nell'ambito di un programma che ancora veniva definito un "azzardo da tre miliardi di dollari" da parte dei suoi critici e dei suoi detrattori.

- Il piano inizialmente redatto (estate 1943) dal comandante delle Forze Aeree del Pacifico sud-occidentale, prevedeva di concentrare gli attacchi sulla raffinerie di carburante del Borneo e di Sumatra, che avevano costituito l'obiettivo primario dell'invasione giapponese all'inizio del conflitto.

In contrapposizione a questa concezione, il comandante dell'U.S.A.A.F., Generale Henry H. Arnold, costituì la 20th Air Force, con un'organizzazione centralizzata per impiegare strategicamente i nuovi bombardieri e concentrarne l'azione contro il Giappone: sottraendola al controllo dei comandanti di settore, il 4 aprile 1944 ne assunse personalmente il comando da Washington.

Il 6 aprile 1944 venne, infine, approvata l'offensiva incendiaria sul Giappone e nel contempo furono predisposte per il 20th Bomber Command, allora principale reparto della 20th Air Force, cinque basi in India e quattro in Cina, dove oltre 700.000 operai cinesi presero parte alla costruzione.

La regione dello Chengdu fu alla fine preferita a quella del Guilin per evitare di dover addestrare 50 divisioni cinesi a protezione delle basi contro gli attacchi terrestri giapponesi.

Questo progetto era estremamente costoso, in quanto non esistevano collegamenti terrestri tra India e Cina e tutti i materiali necessari al funzionamento delle basi avanzate dovevano essere trasportati per via aerea scavalcando l'Himalaya attraverso aerei da trasporto, o con gli stessi B-29, impiegando alcuni esemplari ai quali venivano tolte le protezioni e le armi per trasformarli in aerei per il trasporto di carburante.

- Il primo B-29 giunse a Kuangchan in Cina il 24 aprile 1944, ma la sortita iniziale dei B-29 ebbe luogo il 5 giugno 1944 su Bangkok, con partenza da basi indiane.

77 dei 98 B-29 partirono dalle basi in India e vennero inviati a bombardare le officine ferroviarie di Bangkok in Thailandia: 5 B-29 vennero persi per cause tecniche.

- Seguì il primo impiego da basi in Cina il 15-16 giugno 1944, con un attacco sulle acciaierie di Yawata nella parte meridionale del Giappone da parte di 47 B-29.

Si trattò del primo bombardamento sulle isole giapponesi dal raid di Doolittle dell'aprile 1942.

In questa missione ci furono le prime perdite in combattimento di B-29, con uno degli aerei distrutto al suolo dai caccia giapponesi dopo un atterraggio di emergenza in Cina, uno perso a causa del fuoco antiaereo su Yawata, e un altro aereo, lo Stockett's Rocket (dal nome del capitano Marvin M. Stockett, il comandante dell'aereo) scomparso dopo il decollo da Chakulia in India.

Il raid causò scarsi danni all'obiettivo, con solo una bomba che colpì le installazioni e praticamente esaurì le riserve di carburante delle basi del Chengdu, causando un rallentamento delle operazioni fino a che le scorte non furono ricostituite.

Furono poi allestite cinque basi sulle isole Marianne a Guam, Saipan e Tinian, rese operative dal novembre 1944, sufficienti per far operare circa 900 aerei.

Seguirono, dal 29 ottobre, cinque bombardamenti ideati per acquisire esperienza al fine di rendere le basi pienamente operative; quattro su Truk (1.290 km a Sud-Est) e uno su Iwo Jima a 1.210 km a nord, con pochi aerei per azione e risultati trascurabili.

I giapponesi effettuarono inizialmente azioni di contrasto su Saipan con caccia e bombardieri bimotori decollati da lwo Jima e dalle isole Pagali.

- Contro i B-29 venne anche adottata dai giapponesi la tattica di lanciarsi intenzionalmente con aerei da caccia contro i bombardieri cercando la collisione.

Il primo esempio di questa tecnica fu registrato durante il raid del 20 agosto contro le acciaierie di Yawata: il sergente Shigeo Nobe del 4° Sentai volò intenzionalmente con il suo Kawasaki Ki-45 contro un B-29; i rottami proiettati dall'esplosione, danneggiarono gravemente anche un altro B-29 che precipitò.

Le due perdite statunitensi furono il B-29 matricola B-29-10-BW 42-6334 Gertrude C, con comandante il colonnello Robert Clinksale, e il B-29 matricola B-29-15-BW 42-6368 Calamity Sue, con comandante il capitano Ornell Stauffer, entrambi del 486th BG.

- Molti di questi velivoli furono distrutti in questo tipo di attacchi nei mesi successivi.

Sebbene il termine "Kamikaze" venga utilizzato per identificare questo tipo di attacchi, la parola non è utilizzata dalla storiografia giapponese che distingue tra attacchi suicidi alle navi e combattimenti aerei di questo tipo, non necessariamente suicidi.

Oltre ai problemi logistici associati con le operazioni con partenza dalla Cina, i B-29 potevano raggiungere solo una limitata parte del Giappone partendo da quelle basi.

La soluzione a questo problema fu la conquista delle Isole Marianne che avrebbe portato obiettivi come Tokyo, distante 2.400 km, nel raggio delle "superfortezze".

- Fu, quindi, deciso nel dicembre 1943, di conquistare le Marianne.

Saipan fu invasa dalle forze statunitensi il 15 giugno 1944, e malgrado un contrattacco navale giapponese che sfociò nella Battaglia del Mare delle Filippine e gli aspri combattimenti a terra, l'isola fu resa sicura il 9 luglio.

Seguirono la battaglia di Guam e la battaglia di Tinian, che portarono al possesso delle tre isole per il mese di agosto: i lavori sulle isole iniziarono immediatamente con lo scopo di costruire aeroporti in grado di ospitare i B-29. Le operazioni iniziarono prima ancora della fine dei combattimenti sulle isole.

- Vennero costruiti in tutto cinque grandi aeroporti, di cui due sull'isola pianeggiante di Tinian, uno a Saipan e due a Guam.

Ognuno era grande abbastanza per ospitare un bomb wing (stormo da bombardamento) costituito da quattro bomb group (gruppi da bombardamento), con un totale di 180 B-29 per aeroporto.

Questa basi, che potevano essere rifornite per nave a differenza di quelle in Cina, non erano vulnerabili ad attacchi da terra da parte dell'esercito giapponese e divennero il punto di lancio di grandi attacchi aerei contro il Giappone condotti nell'ultimo anno di guerra.

Il primo B-29 arrivò a Saipan il 12 ottobre 1944, prima ancora della ultimazione della base aerea e la prima missione di combattimento lanciata dalle basi delle Marianne partì il 28 ottobre 1944, costituita da 14 B-29 che attaccarono la base di sommergibili giapponesi dell'atollo di Truk.

Il 24 novembre 1944, 111 B-29 attaccarono per la prima volta la fabbrica di motori di Musashino nell'area di Tokyo.

Un'azione ostacolata dal cattivo tempo e dalla caccia nemica e - conseguentemente - povera di risultati e con qualche perdita.

Le prime azioni con partenze da basi nel Pacifico non furono né molto efficaci né frequenti, principalmente perché ostacolate dal tempo avverso, con una consistente copertura nuvolosa sul Giappone; inoltre, venne fatta la prima esperienza con il jet stream (corrente a getto) ad alta quota: le correnti a getto sono costituite da un insieme di fortissimi venti, fino a 320 km/h, su fronti dell'ampiezza di 300-450 km, localizzati attorno alla terra alla quota della troposfera.

La salita a 9.100 metri e oltre creava spesso notevoli problemi ai motori R-3350 e, nel contempo, i venti in coda, talvolta, nel corso del volo di rientro, portavano la velocità rispetto al suolo a oltre 700 km/h, ostacolando le manovre di avvicinamento alle basi di partenza.

- I problemi ai motori vennero ridotti dopo che la Boeing suggerì di iniziare le missioni a bassa quota, consumando in tal modo una quantità significativa di carburante prima di effettuare la salita a quota operativa.

A causa del tempo incerto o burrascoso nessuno degli undici bersagli prioritari venne distrutto nelle prime 2.000 sortite: un terzo delle azioni coinvolse l'area di Musashino, che risultò distrutta solo per il 4%.

- Al 1° gennaio 1945 erano operativi nei reparti oltremare 750 B-29.

Sebbene meno nota, l'Operazione Starvation, consistente in un programma di sgancio di mine antinave dagli aerei, eseguita dai B-29 contro le principali rotte navali e i porti giapponesi,

40

compromise seriamente la capacità nipponica di proseguire le operazioni belliche.

I B-29 vennero ritirati dagli aeroporti in Cina verso la fine del gennaio 1945.

Nel periodo di impiego di questi aerei con partenza da Cina e India, vennero condotte missioni contro molti obiettivi in tutto il sud est asiatico, ma fu deciso il trasferimento graduale dell'intera flotta verso le nuove basi nelle isole Marianne.

L'ultima missione con partenza dall'India, venne lanciata il 29 marzo 1945.

Probabilmente il più famoso B-29 è l'Enola Gay, che lanciò la bomba atomica "Little Boy" su Hiroshima il 6 agosto 1945. Bockscar, un altro B-29, sganciò "Fat Man" su Nagasaki tre giorni dopo.

Queste due azioni, insieme con l'invasione sovietica della Manciuria del 9 agosto 1945, costrinsero il Giappone alla resa e alla fine ufficiale della seconda guerra mondiale.

Entrambi gli aerei utilizzati per i bombardamenti nucleari, furono scelti e poi modificati a partire da velivoli assemblati nello stabilimento di Omaha, in quella che sarebbe diventata la Offutt Air Force Base.

Dopo la resa del Giappone, il V-J Day, i B-29 furono utilizzati per altri scopi.

Un certo numero rifornì di viveri i prigionieri di guerra catturati dai Giapponesi con cibo, medicinali e altri generi di prima necessità, sganciando con il paracadute carichi di razioni nei campi dove i Giapponesi mantenevano i prigionieri ormai in condizioni che necessitavano interventi urgenti, ben prima dell'evacuazione.

Nel settembre 1945, venne completato un volo a lungo raggio per motivi propagandistici: i generali Barney M. Giles, Curtis LeMay e Emmett O'Donnell, Jr. pilotarono tre B-29 modificati dalla Chitose Air Base di Hokkaidō fino al Chicago Municipal Airport, proseguendo per Washington, D.C.: il volo non-stop più lungo mai compiuto a quella data da aerei della Army Air Force e il primo volo senza scalo della storia tra Giappone e Stati Uniti d'America.

Due mesi più tardi, il colonnello Clarence S. Irvine effettuò ai comandi di un altro B-29 modificato, dal nome Pacusan Dreamboat, un altro volo da primato, che infranse il record mondiale di distanza, coprendo senza scalo la distanza tra Guam e Washington, per un totale di 12.740 km in 35 ore con un peso al decollo di 70.000 kg.

- Sebbene concepito per altri teatri e solo brevemente valutato in Inghilterra, il B-29 fu principalmente usato nella seconda guerra mondiale solo nel teatro del Pacifico.

Il prototipo YB-29-BW 41-36393, dal nome Hobo Queen, fu visto fare scalo in diversi aeroporti britannici, si pensa per un'operazione di "disinformazione" dei Tedeschi, con l'idea di far credere che la "superfortezza" sarebbe stata usata anche in Europa.

Terminato un periodo di due settimane, l'aereo venne inviato in India per unirsi al 462nd Bomb Group.

Terminata la guerra, alcuni squadron del Bomber Command della Royal Air Force vennero equipaggiati con alcuni B-29 prestati dalle riserve dell'USAF: quando erano in servizio con la RAF, gli aerei prendevano il nome di Washington B.1 e rimasero in servizio dal marzo 1950, fino a che l'ultimo non fu restituito all'inizio del 1954, venendo rimpiazzati dai primi bombardieri della serie "V-bomber" britannici.

- I bombardieri furono impiegati in 34.000 sortite con 5 tonnellate di bombe ciascuna, a conferma delle formidabili capacità di carico del bombardiere.

Durante le azioni notturne, in cui gli aerei volavano a bassa quota senza quasi armi difensive e con equipaggio ridotto, era possibile caricare oltre 6 tonnellate di bombe al napalm M69, costituite da 38 submunizioni da 2,7 chili che si aprivano a circa 1.500 metri di quota.

- Nonostante la fama di sostanziale invincibilità del B-29, la campagna si risolse con la perdita di circa 500 aeroplani, in maggior parte per incidenti, con oltre 3.000 vittime tra gli equipaggi, un prezzo abbastanza elevato per un apparecchio che fu prodotto in 3.970 esemplari.

Il B-29 fu impiegato nel periodo 1950-1953 nella guerra di Corea. All'inizio, il bombardiere fu utilizzato in missioni diurne di bombardamento strategico e le poche industrie e obiettivi strategici nord coreani furono rapidamente ridotte in macerie.
Nel 1950, però apparvero i caccia a getto sovietici MiG-15 "Fagot", aerei specificamente progettati per abbattere i B-29, e dopo la perdita di 28 bombardieri, gli statunitensi cambiarono tecnica di impiego dei B-29, restringendo l'uso ai soli bombardamenti notturni e contro le linee di rifornimento.
I B-29 lanciarono anche le bombe radio-controllate "Razon" e "Tarzon", in occasione di attacchi di precisione contro dighe e ponti principali, come quelli sul fiume Yalu.

Tuttavia, le "superfortezze" vennero presto rese obsolete dalla sviluppo dei caccia con motore a reazione.

Con l'entrata in servizio del gigantesco Convair B-36, il B-29 venne riclassificato come bombardiere medio nella, da poco costituita, United States Air Force.

La variante B-50 Superfortress, inizialmente designata B-29D, aveva prestazioni sufficientemente valide per coprire ruoli ausiliari come ricerca e soccorso, spionaggio elettronico e anche aerocisterna.

Il B-29D fu rimpiazzato nei primi anni cinquanta dal Boeing B-47 Stratojet, a sua volta sostituito con il Boeing B-52 Stratofortress.

- Gli ultimi B-29 furono radiati dal servizio a metà degli anni sessanta dopo un totale di 3.970 esemplari costruiti.

Il fire bombing

Il fire bombing (in italiano bombardamento incendiario) è una tecnica militare che usa bombe incendiarie per provocare grandi incendi nelle città o nelle infrastrutture nemiche.
Le bombe incendiarie contengono sostanze come:
- napalm
- fosforo
- magnesio

Questi materiali bruciano a temperature molto alte e sono difficili da spegnere: lo scopo non è solo distruggere edifici, ma anche creare tempeste di fuoco (fire storms) che devastano intere aree urbane.
Nella seconda metà del 1944, gli scienziati dell'U.S.A.A.F. avevano esaminato le possibilità che poteva offrire un impiego su vasta scala dei bombardamenti incendiari sulle città del Giappone.
La direzione del N.D.R.C. (National Defense Research Committee) trasmise al comando superiore dell'Army Air Force un promemoria che conteneva questa previsione:

Un calcolo preventivo delle forze necessarie e dei danneggiamenti prevedibili del potenziale bellico che sarebbero causati da bombardamenti incendiari sulle città giapponesi, indica che questi possono rappresentare la miglior soluzione per una guerra aerea strategica in tutta la presente campagna, e probabilmente l'occasione per causare i massimi danni al nemico con il minimo sforzo. I calcoli preventivi dei danni economici previsti indicano che il bombardamento di città giapponesi con mezzi incendiari può avere un'efficacia almeno cinque volte maggiore, a parità di tonnellaggio, di un

bombardamento di precisione su obiettivi strategici determinati
secondo i metodi seguiti nella guerra in Europa.

Con il napalm non era più necessario il bombardamento diretto delle postazioni perché il liquido incendiario si diffondeva su una vasta area, superiore a quella interessata dall'esplosione di una bomba ad alto potenziale.

Inoltre, il napalm bruciava la vegetazione utilizzata per mascherare le postazioni, penetrava nei ricoveri e soffocava o bruciava quelli che vi si trovavano.

L'efficacia era molto elevata, senza traccia di ferite o ustioni, con le persone decedute semplicemente per la mancanza di ossigeno, tanto che spesso si trovavano persone morte all'aperto.

- Il napalm venne impiegato per la prima volta nel marzo 1944 da parte dei B-24 della 7°A.F. su Ponape, con il lancio di circa 20 tonnellate di bombe M-69.

Seguirono altri attacchi durante gli sbarchi a Tinian e Guam nel 1944.

La svolta nell'impiego dei B-29 si verificò con la nomina del generale Curtis E. LeMay il 4 luglio 1944, a capo del 20° Bomb Group: il 20 gennaio 1945, LeMay assunse anche il comando del 21° Bomber Command con sede a Guam.

Il primo bombardamento del nuovo tipo sul Giappone fu effettuato dal 21° Bomber Command il 6 gennaio 1945 a Nagoya con lo sgancio di 138 tonnellate di armi incendiarie.

Il 4 febbraio 1945 seguì il primo bombardamento incendiario su Kobe.

Il 25 febbraio 1945 ebbe luogo il primo bombardamento notturno su Tokyo, con 450 tonnellate di bombe incendiarie lanciate da 172 B-29: nell'occasione, si dovette lamentare la perdita di tre aerei.

- Il 9-10 marzo 1945, il 21° Bomber Command effettuò un attacco con 325 B-29, di cui 279 agirono sull'obiettivo con 2.086 tonnellate di bombe, di cui 1.753 tonnellate di M-69, che distrussero 15 miglia quadrate della superficie urbana di Tokyo, cioè quattro volte l'area devastata a Hiroshima.

Si trattava della stessa area già distrutta durante il terremoto, e i susseguenti incendi, nel 1923.

- I morti stimati furono 83.703 e i feriti 40.918, ma la realtà fu di oltre 100.000 morti, laddove tra gli attaccanti solo quattro velivoli non ritornarono.

A proposito delle vittime civili di questo attacco, fa riflettere quanto dichiarato, negli anni Sessanta, dall'allora Segretario alla Difesa McNamara: *"Il senso delle proporzioni dovrebbe essere una guida in guerra... Esiste una regola per la quale non si dovrebbero uccidere 100.000 civili in una notte... Cosa cambia le azioni rendendole morali se si vince e immorali se si perde la guerra?"*

Seguirono dall'11 al 18 marzo 1945, in un parossismo di fiamme e fuoco, quattro attacchi:

- L'11 marzo su Nagoya.
- Il 13 marzo su Osaka.
- Il 16 marzo su Kobe.
- Il 18 marzo un secondo attacco su Nagoya.

Queste operazioni portarono all'esaurimento delle dotazioni di bombe incendiarie nelle basi delle isole Marianne, e, pertanto, nei due mesi seguenti furono effettuati solo attacchi incendiari, il 15 aprile su Kawasaki e il 25-26 maggio su Tokyo.
L'azione più contrastata fu quella su Tokyo del 25-26 maggio con 498 B-29 in azione, 464 sul bersaglio, 26 persi per azione giapponese, pari al 5,6% con 254 perdite umane, e 100 aerei danneggiati, pari al 21,3% del totale.

- Risultati: 18,9 miglia quadrate di tessuto urbano distrutte dalle fiamme e 17 caccia attaccanti abbattuti.

Dopo che adeguate scorte di bombe furono predisposte, ripresero le incursioni incendiarie che distrussero tutte le città giapponesi, eccetto Kyoto e città minori, quali Hiroshima e Nagasaki.

In queste azioni furono utilizzate per il 50% bombe M-69 e per il restante 50% altre armi incendiarie o bombe ad alto esplosivo.

Non è del tutto assurdo ritenere che, se la disponibilità di bombe al napalm del 21° Bomber Command non fosse stata insufficiente, sarebbe stato possibile ottenere la resa del Giappone senza l'impiego delle due bombe atomiche (secondo la stima dello United States Strategic Bombing Survey, Pacific War - Washington 1/7/1946, il Giappone si sarebbe, comunque, arreso nel novembre 1945 senza il ricorso all'arma atomica).

Il napalm

Nel maggio 1940 venne proposta la formazione del National Defense Reaserch Committee (NDRC, Comitato per la ricerca scientifica per la difesa), formalmente istituito il 15 giugno 1940 sotto l'incalzare degli eventi.

Nel settembre 1941, il generale Arnold richiese al presidente del NDRC di avviare lo studio e lo sviluppo di ordigni che potessero sostituire le bombe incendiarie al magnesio, a motivo della grave scarsità di tale elemento.

- Nell'ottobre 1941 divenne operativo un gruppo di studio presso l'università di Harvard, mentre il NDRC stipulava un contratto con l'Ufficio sviluppo della Standard Oil Company per ricerche su bombe incendiarie utilizzanti derivati del petrolio.

Entrambi i gruppi indirizzarono le proprie ricerche verso lo sviluppo di una miscela che utilizzava della benzina compressa come materiale incendiario, seguendo l'esempio della Gran Bretagna che aveva gelatinizzato la benzina con la gomma naturale, un prodotto, peraltro, non più ottenibile dopo l'occupazione delle Indie Orientali da parte giapponese.

- Uno studio condotto dall'Università di Harvard sulla gelatinizzazione della benzina con sapone di alluminio all'acido di noci di cocco, portò alla scoperta del napalm.

Con alcuni perfezionamenti fu definito il processo di produzione, che permise di ottenere un sapone in polvere granulosa dal quale si ricavava una gelatina di benzina per semplice miscela a temperatura ambiente.

La prima applicazione pratica si ebbe con le bombe M-47 da 31,5 kg realizzate dalla Chemical Warfare Services (Servizio

Guerra Chimica), innescate da spolette a percussione e utilizzanti un tubo di scoppio centrale pieno di esplosivo.

Nella primavera 1942, le bombe M-47 furono migliorate con un tubo centrale contenente un nucleo di TNT circondato da fosforo bianco.

Un ulteriore sviluppo fu poi costituito dalle bombe incendiarie con carica eiettata dalla parte posteriore, studiate dalla Standard Oil.

- Caricate a gelatina di benzina e fornite di spolette a tempo per consentire all'ordigno di trapassare il tetto e le sottostanti solette, potevano proiettare la carica incendiaria su un'ampia area.

Prove su vasta scala portarono alla standardizzazione delle bombe incendiarie sul modello M-69, dotato di nuovi inneschi, la cui carica a gelatina di benzina era contenuta in un tubo esagonale di 66 mm e lungo 267 mm.

Nel contempo, la Standard Oil sviluppò la spoletta con ritardatore regolabile e altre migliorie.

Si effettuarono, quindi, prove delle bombe M-69 contro fabbricati rurali destinati alla demolizione, nei pressi del poligono di Jefferson, nell'Indiana: poiché i risultati furono fortemente messi in discussione da coloro che ritenevano tali costruzioni molto più facilmente incendiabili degli edifici presenti in Germania e in Giappone, con la collaborazione di architetti che avevano lavorato nei due paesi, vennero costruite delle tipiche case tedesche e nipponiche.

Particolarmente significative per la definizione dei dettagli di impiego dell'arma furono le prove di Dugway, Utah, svolte dal 17 maggio al 16 luglio 1943 su un gruppo di dodici case "giapponesi" per due famiglie e sei case "tedesche", arredate totalmente con mobilio originale o riprodotto.

Furono prelevati nelle Hawaii e nella costa occidentale arredi, tappeti e altri accessori casalinghi da abitazioni di residenti di origine giapponese, mentre mobilio che riproduceva realisticamente quello tedesco o nipponico venne fabbricato "ad hoc" per realizzare le coseddette "Little Tokyos".

Squadre di pompieri avevano il compito di spegnere gli incendi con i metodi tradizionali impiegati in Giappone.

Tali prove misero in evidenza la superiorità delle bombe M-69 su tutti gli altri tipi e, sulla base di queste esperienze venne definito il piano di attacco incendiario alle città giapponesi, con il supporto di personale del NDRC, verso la fine del 1943.

Dall'autunno 1943, venne stabilito che le bombe incendiarie dovevano essere prodotte in contenitori (aventi le stesse caratteristiche balistiche delle bombe di grosso calibro), destinati ad aprirsi a quota di poche migliaia di piedi.

Alla fine del 1943 furono richiesti urgentemente 10.000 contenitori per l'impiego da parte della 20a A.F. in Cina; gli ordigni furono prodotti dalla Chemical Warfare Service nell'inverno 1943-1944 e dall'industria privata a partire dal marzo 1945.

- Alla fine del marzo 1945 risultavano prodotti 30 milioni di bombe modello M-69.

Caratteristiche tecniche

Dimensioni e pesi

- Lunghezza: 30,20 metri
- Apertura alare: 43,00 metri
- Altezza: 8,50 metri
- Superficie alare: 161,60 m^2
- Peso a vuoto: 33.800 kg
- Peso carico: 54.000 kg
- Peso massimo al decollo: 60.560 kg

Equipaggio: 11 uomini

- Pilota
- Copilota
- Bombardiere
- Ingegnere di volo
- Navigatore
- Operatore Radio
- Operatore Radar
- Artigliere di destra
- Artigliere di sinistra
- Artigliere centrale
- Artigliere di coda.

Propulsione

- Motore: 4 Wright R-3350-23 Duplex Cyclone radiali a 18 cilindri ciascuno con due turbocompressori
- Potenza: 2.200 hp (1.641 kW) ciascuno

Prestazioni

- Velocità massima: 576 km/h a 9.000 metri
- Velocità di crociera: 350 km/h

- Velocità di stallo: dipendeva dal peso e dalla configurazione (flap, carico, quota), ma i valori tipici sono di170 km/h
- Velocità di decollo: 230 km/h, con una distanza di decollo pari a 1.500 - 2.000 metri (a pieno carico)
- Velocità di atterraggio: 190 km/h
- Velocità di salita: 4,6 m/sec, cioè circa 275 m/min.
  Per raggiungere i 3.000 metri (10.000 piedi) impiegava circa 13 minuti. Il B-29 non aveva una salita rapidissima perché era molto pesante (fino a oltre 60.000 kg a pieno carico), era progettato per efficienza ad alta quota, non per salita rapida, e aveva grandi ali per il volo economico, non per prestazioni da intercettore.
- Autonomia: 4.000-9.500 km
- Tangenza: 10.200 metri

Carburante

- 31.030 litri sui primi modelli, realizzati in quattro serbatoi alari.
- 36.140 litri dopo l'installazione di serbatoi supplementari nella sezione centrale dell'ala.
- 26.450 litri solo in condizioni operative, se i serbatoi di carburante semi-permanenti sono stati rimossi.

Armamento - Quattro torrette controllate a distanza:

- Due sotto la fusoliera: ogni torretta ospitava due mitragliatrici Browning M2 calibro 12,7 millimetri con 500-1.000 colpi ciascuna.
- Due sopra la fusoliera: ogni torretta ospitava due mitragliatrici Browning M2 calibro 12,7 millimetri con 500-1.000 colpi ciascuna.
- Una torretta in coda controllata da un mitragliere autonomo: tre opzioni di armamento erano disponibili:
  Uun cannone da 20 mm ispano-Bendix AN-M2 e due mitragliatrici Browning da 12,7 mm.

Tre mitragliatrici Browning da 12,7 mm oppure ancora due mitragliatrici da 12,7 mm.

Alcuni aerei avevano anche una torretta anteriore superiore dotata di quattro mitragliatrici.

Bombe: fino a 9.000 kg così suddivise:
- 20 da 250 kg oppure
- 40 da 250 kg oppure
- 18 da 500 kg oppure
- 8 da 1.000 kg.

Durante la Seconda Guerra Mondiale, il B-29 ha completato oltre 20.000 missioni, con una stima di 180.000 tonnellate di bombe sganciate.
Ogni aereo richiedeva più di tredici tonnellate di alluminio, mezza tonnellata di rame, 600.000 rivetti, 15 km di cablaggio e 3 km di tubi.

Motore Wright R-3350

Il Wright R-3350 Duplex Cyclone era un motore aeronautico radiale 18 cilindri a doppia stella raffreddato ad aria, prodotto negli anni quaranta dall'azienda statunitense Curtiss-Wright Corporation.

- Il Duplex Cyclone è stato uno dei più potenti motori radiali prodotti negli Stati Uniti.

Il suo sviluppo iniziò prima dello scoppio della seconda guerra mondiale, ma il motore richiese un lungo periodo di maturazione prima di venire utilizzato sul bombardiere Boeing B-29 Superfortress, poco prima della fine del conflitto: dopo la guerra, il motore era sufficientemente maturo tanto da divenire il principale motore usato nei progetti di velivoli civili, particolarmente nella sua versione Turbo-compound.

- La sigla R-3350 identifica il modello in base alla sua cilindrata in pollici cubici, circa 3.350 in³.

Nel 1927 la Wright Aeronautical iniziò la produzione del suo più rappresentativo motore, il Cyclone, che equipaggiò diversi velivoli durante gli anni trenta.

Nel 1929 la ditta si fuse con la Curtiss dando origine alla Curtiss-Wright: dopo questa fusione si iniziò a sviluppare una versione più potente di questo motore che potesse raggiungere una potenza pari a 1.000 hp (746 kW).

Da questo progetto scaturì il Wright R-1820 Cyclone 9 la cui produzione iniziò nel 1935 e che diverrà uno dei motori più utilizzati negli anni trenta e durante la seconda guerra mondiale.

Nello stesso periodo la concorrente Pratt & Whitney iniziò lo sviluppo di un nuovo motore più grande e molto più potente basato sul suo altrettanto famoso motore R-1830 Wasp.

Il nuovo modello adottava una configurazione a doppia stella, con i cilindri disposti cioè su una doppia fila, invece che su un'unica come il suo predecessore, che poteva facilmente competere in fatto di potenza erogata con l'R-1820.

Nel 1935, quindi, anche la Curtiss-Wright decise di intraprendere un analogo sviluppo partendo dalla meccanica del Cyclone.

Ne scaturirono alla fine due progetti caratterizzati anch'essi da una doppia stella e da cilindri a corsa corta: un 14 cilindri che verrà sviluppato nel motore R-2600 e un 18 cilindri che diverrà il R-3350.

Il primo R-3350 fu completato nel maggio del 1937.

L'R-3350-57

Si dimostrò subito essere un motore con un carattere molto spiccato. Lo sviluppo proseguì lentamente sia a causa della complessità del motore sia a seguito della maggiore attenzione dedicata alla versione a 14 cilindri.

Il motore non effettuò prove di volo fino al 1941 cioè solo dopo che il velivolo XB-19 sostituì i motori Allison V-3240 con i Wright R-3350.

Le cose cambiarono drasticamente quando nel 1940 venne emessa una specifica da parte dell'United States Army Air Force (USAAF) per lo sviluppo di un bombardiere strategico a lungo raggio capace di volare dagli Stati Uniti alla Germania con un carico offensivo di 900 kg (2.000 lb). Sebbene piccolo quanto il progetto per il Bomber D, che si concretizzerà nel prototipo XB-19, il nuovo velivolo richiedeva motori con una potenza comparabile.

Wright GR-3350

Quando tre dei quattro progetti preliminari presentati adottavano il motore R-3350 divenne evidente che quest'ultimo rappresentava il motore del futuro dell'USAAF e, quindi, vennero compiuti tutti gli sforzi necessari per avviarlo velocemente alla fase di produzione in serie.

Nel 1943 compiva i primi voli l'ultimo sviluppo del nuovo programma per questo nuovo bombardiere, l'XB-29, il prototipo del Boeing B-29 Superfortress.

- Il motore, però, continuava a possedere un rendimento non costante e, inoltre, mostrava una preoccupante tendenza al surriscaldamento.

Per ovviare a tali inconvenienti iniziarono a essere introdotte una serie di numerose modifiche, direttamente sulla linea di produzione del velivolo, che ne migliorassero il raffreddamento a bassa velocità.

Nel 1944 i velivoli furono inviati nel teatro bellico della guerra del Pacifico dove, però, divenne evidente che i problemi di surriscaldamento non erano stati risolti tanto che alcuni velivoli si incendiarono dopo il decollo.

Le versioni iniziali del R-3350 erano equipaggiate con i carburatori che crearono dei problemi di miscelazione: questi problemi, a loro volta, provocavano una inadeguata distribuzione della miscela.

Al termine della seconda guerra mondiale venne introdotto un sistema di alimentazione a iniezione e subito l'affidabilità del motore aumentò.

Questi motori divennero i favoriti nei progetti per i grandi velivoli civili quali il Lockheed Constellation e il Douglas DC-7. Successivamente, per soddisfare le richieste del mercato civile, venne studiato un dispositivo per migliorare ulteriormente il rendimento al fine di riuscire a contenere il consumo di combustibile, il sistema Turbo-Compound.

- Un sistema turbo-compound è una soluzione tecnologica utilizzabile su motori a combustione interna a pistoni, volta a recuperare parzialmente l'energia contenuta nei gas di scarico.

Fu sviluppata a partire dalla seconda metà degli anni quaranta dal costruttore di motori aeronautici statunitense Wright Aeronautical Division.

Nel turbocompressore, sistema utilizzato nei motori aeronautici per erogare in quota la potenza disponibile a livello del mare, i cilindri scaricano i gas di combustione in un collettore comune con due uscite: una attraverso la valvola wastegate che, aprendosi, regola la pressione massima di sovralimentazione e una che alimenta la turbina.

A valvola aperta, la pressione nel collettore è praticamente uguale a quella atmosferica, mentre a valvola chiusa, i gas di scarico sono costretti a passare attraverso la turbina (del tipo "a reazione") che sfrutta il salto di pressione per muovere il compressore, ma influenza negativamente lo svuotamento dei cilindri durante la fase di scarico.

Nel turbo-compound, invece, gli scarichi dei cilindri sono direttamente collegati alla turbina (in questo caso del tipo "ad azione") che lavora con un salto di pressione trascurabile, trasformando l'energia cinetica dei gas di scarico in lavoro meccanico, non introducendo deleterie sovrappressioni allo scarico e avvantaggiandosi, al salire della quota, del crescente salto di pressione tra quella in camera di combustione, che resta praticamente costante, e quella atmosferica, che decresce con l'altitudine.

- In un motore turbo-compound, la turbina è generalmente collegata meccanicamente all'albero motore mediante una opportuna serie di ingranaggi riduttori, ma è stata studiata anche una versione elettrica in cui la turbina aziona un generatore che può alimentare un motore elettrico.

L'energia così recuperata permette di risparmiare tra il 2,5 e il 5% di carburante, a seconda della configurazione: l'impiego di tale sistema risulta particolarmente indicato nel caso di motori che operino per lungo tempo alla loro massima potenza.

A partire dal 1942, la Wright Aeronautical Division iniziò a studiare in campo aeronautico un sistema per il recupero della potenza altrimenti persa nei gas di scarico dei motori a pistoni.

Il Wright R-3350, dotato di dispositivo Turbo-Compound

Dal 1946, la U.S. Navy sovvenzionò queste ricerche che portarono, nel 1950, al primo esemplare di produzione, il Wright R-3350.

In questo motore, all'apertura delle valvole di scarico, la pressione in camera di combustione crolla rapidamente da circa 14 atmosfere (200 psi) alla pressione atmosferica, lasciando uscire i gas di scarico a velocità sonica, che per quella temperatura media corrisponde a circa 670 m/s.

Le tre turbine installate, che ruotavano fino a 19.000 giri al minuto al decollo, permettevano per questo motore un guadagno di 550 hp (410 kW) al regime di potenza massima continuativa.

Con questo sistema si recuperava un ulteriore 20% di energia, che altrimenti sarebbe stata dispersa in calore.

Oltre che per il Wright R-3350, il turbo compound fu sviluppato anche su altri motori aeronautici quali il Napier Nomad, il Rolls-Royce Crecy, e l'Allison V-1710, sebbene per questi ultimi due non si andò oltre lo stadio di prototipo.

Il contemporaneo sviluppo di motori turboelica e turbogetto soppiantarono rapidamente i sempre più complessi motori a pistoni e con loro le versioni turbo-compound.

Da questo momento in poi, inoltre, l'affidabilità del motore era stata ulteriormente incrementata con una MTBO (tempo massimo prima di una revisione) posta a 3.500 ore e un SFC (consumo specifico di carburante) dell'ordine di 243 g/kWh.

Versioni del Wright R-3350:
- R-3350-13 : 2.200 hp (1.641 kW)
- R-3350-23 : 2.200 hp (1.641 kW)
- R-3350-24W : 2.500 hp (1.900 kW)
- R-3350-32W : 3.700 hp (2.800 kW) a 2.400 giri/min
- R-3350-53 : 2.700 hp (2.013 kW)
- R-3350-85 : 2.500 hp (1.900 kW)
- R-3350-89A : 3.500 hp (2.600 kW)
- R-3350-93W : 3.500 hp (2.600 kW)

Caratteristiche tecniche

Dati riferiti alla versione R-3350-32W

- Costruttore: Curtiss-Wright Corporation
- Numero di cilindri: Motore radiale 18 cilindri a doppia stella. Più cilindri uguale più potenza, ma anche più calore e, quindi, più difficoltà di raffreddamento.
- Raffreddamento: ad aria
- Alimentazione: iniezione diretta
- Distribuzione: OHV 2 valvole per cilindro.
Il motore Wright R-3350 del B-29 utilizzava una distribuzione OHV con albero a camme nel basamento e comando valvole tramite aste e bilancieri. I motori radiali aeronautici, quasi sempre, usavano OHV, perché erano più robusti, erano più facili da mantenere ed erano migliori per motori di grande cilindrata.
Una delle caratteristiche più interessanti del motore Wright R-3350 Duplex-Cyclone del Boeing B-29 Superfortress è il sistema di biella madre e bielle articolate.
In un motore normale (in linea) ogni pistone ha la sua biella e tutte si collegano all'albero motore; invece, in un motore radiale i cilindri sono disposti a cerchio, quindi, tutte le bielle non possono collegarsi allo stesso punto facilmente.
Serviva, quindi, una soluzione speciale, la soluzione biella madre, che funzionava così:
Un cilindro ha la biella principale (master rod), questa si collega direttamente all'albero motore, mentre le altre bielle (articolate) si collegano alla biella principale.
Riassumendo, quindi, nel R-3350:

- ❖ Ogni stella aveva 9 cilindri.
- ❖ 1 biella madre.
- ❖ 8 bielle articolate.
- ❖ 2 stelle per un totale di 18 cilindri
- Compressore: centrifugo doppio stadio e due velocità.
  - ❖ Il compressore centrifugo è un sistema che comprime l'aria prima che entri nel motore.
  - ❖ Doppio stadio: l'aria viene compressa due volte per aumentare la pressione. Il primo stadio comprime l'aria un po', il secondo stadio la comprime ancora di più, l'aria più compressa entra nei cilindri: si ottiene, così, una combustione più potente
  - ❖ Due velocità: il compressore poteva lavorare a due regimi diversi a seconda dell'altitudine: velocità bassa per la bassa quota e velocità alta per l'alta quota. Il pilota, o il sistema, cambiava la velocità del compressore per adattarsi all'aria più rarefatta.
- Lunghezza: 1.985 mm
- Diametro: 1.413 mm
- Cilindrata: 54.850 cm3
- Alesaggio: 155,6 mm
- Corsa: 160,2 mm
- Peso a vuoto: 1.212 kg
- Potenza: 2.500 hp (1.900 kW) a 2.400
- Benzina: 100-130 ottani

Motore Pratt & Whitney R-4360

Il Pratt & Whitney R-4360 Wasp Major fu il più grande e potente motore a cilindri radiali per aviazione mai prodotto in serie.

Questo motore rappresentò l'apice dello sviluppo della tecnologia dei motori a pistoni, o come vengono chiamati oggi alternativi, prima che l'avvento dei motori Jet e dei motori turboelica ne riducesse drasticamente l'adozione nel mercato aeronautico civile e militare.

- Il motore era composto da 28 cilindri disposti su quattro stelle di sette cilindri ognuna.

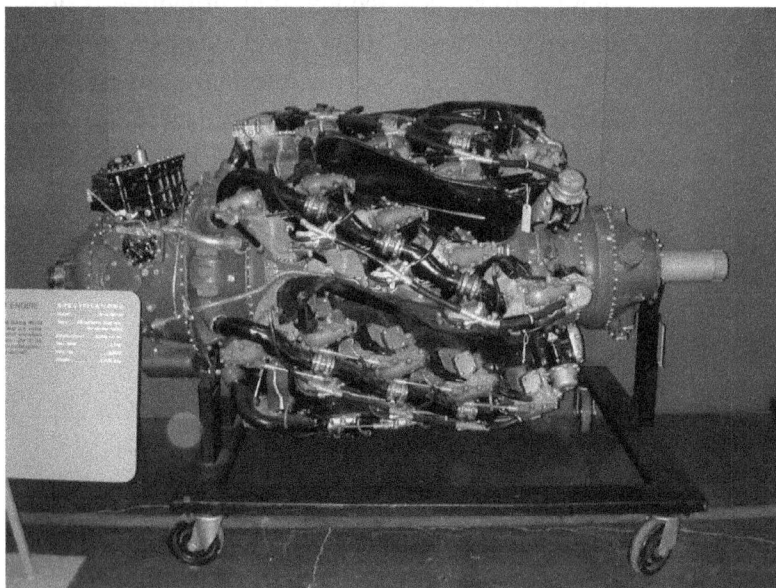

Ogni stella era leggermente ruotata rispetto alla precedente in modo da permettere il miglior flusso per l'aria di raffreddamento.

Vista di lato, la disposizione dei cilindri assumeva un aspetto elicoidale.

Per questo venne anche soprannominato "Corncob" (pannocchia di granoturco) proprio perché la sistemazione dei cilindri ricordava i semi su una pannocchia.

- Il motore disponeva di un compressore meccanico a sei velocità.

La sua cilindrata era di 71,4 litri (4360 pollici cubici, da cui la designazione della ditta come R-4360).

Le eliche venivano fatte girare a una velocità pari alla metà di quella a cui girava il motore per evitare che le estremità, in movimento, raggiungessero una velocità supersonica che ne peggiorasse le prestazioni.

Le prime versioni del motore sviluppavano 3.000 hp (2.240 kW) ma, nelle ultime versioni, questa era salita a 4.300 hp (3.200 kW).

Nonostante il peso del motore variasse da 1.600 a 1.800 kg, il suo rapporto peso/potenza fu tra i più alti mai raggiunti da questo tipo di motore.

- La produzione del motore avvenne tra il 1944 e 1955 per un totale di 18.697 esemplari.

Il Wasp Major venne utilizzato sui bombardieri Boeing B-50, uno sviluppo postbellico del Boeing B-29 Superfortress, sul Convair B-36 e su molti altri velivoli da trasporto civili e militari.

Caratteristiche tecniche

- Costruttore: Pratt & Whitney
- Numero di cilindri: motore radiale 28 cilindri a quadrupla stella
- Raffreddamento: ad aria
- Alimentazione: carburatori a quadruplo corpo Stromberg
- Distribuzione: 2 valvole per cilindro
- Compressore: centrifugo meccanico a singola fase e velocità variabile con turbocompressore General Electric CHM-2
- Lunghezza: 2.451 mm
- Diametro: 1.397 mm
- Cilindrata: 71.490 cm^3
- Alesaggio: 146 mm
- Corsa: 152 mm
- Rapporto di compressione: 6,7:1
- Rapporto peso/potenza: 1,83 kW per kg
- Peso: 1.579-1.755 kg
- Potenza: 3.000 hp (2.240 kW) – 4.300 hp (3.200 kW)
- Benzina: 108-135 ottani

Versioni

XB-29

L'XB-29 era il primo prototipo del B-29 destinato all'US Army Air Corps. L'aereo differiva dal progetto originale per diverse migliorie, che includevano un maggiore armamento difensivo, in termini di calibro e di numero di pezzi, e l'introduzione di serbatoi auto stagnanti.

Due esemplari vennero ordinati nell'agosto 1940, a questi si aggiunse un terzo velivolo ordinate nel dicembre successivo, mentre un simulacro per prove statiche venne completato nella primavera del 1941.

Un anno dopo, il 21 settembre 1942, vi fu il primo volo.

Edmund T. "Eddie" Allen, Direttore di Aerodinamica e Ricerca di Volo, era al comando, con Al Reed, Capo dei Test di Volo e Capo Collaudatore, come copilota. Salirono a 1.829 metri (6.000 piedi) e iniziarono a testare la stabilità e il controllo dell'XB-29, la potenza e la risposta di controllo e le caratteristiche di stallo.

Il volo fu senza incidenti: atterrando, dopo 1 ora e 15 minuti, si suppone che Allen abbia detto: "Ha volato!"

- L'XB-29 era lungo 29,92 metri (98 piedi e 2 pollici) con un'apertura alare di 43,05 metri (141 piedi e 3 pollici) e 8,46 metri (27 piedi e 9 pollici) di altezza fino alla sommità della sua pinna verticale.

Il prototipo del bombardiere aveva un peso lordo di 47.627 kg (105.000 libbre).

Il prototipo del bombardiere era alimentato da quattro motori radiali Wright Duplex-Cyclone (R-3350-13) a doppia fila da 18 cilindri, raffreddati ad aria, sovralimentati e a iniezione di carburante, da 3.347,662 pollici cubi di cilindrata (54,858 litri) con un rapporto di compressione di 6,85:1.

- L'R-3350-13 erogava una potenza di 2.000 hp a 2.400 giri/min e 2.200 hp a 2.800 giri/min per il decollo, bruciando benzina a 100 ottani.

Questi motori azionavano eliche Hamilton Standard a tre pale a velocità costante da 5,18 metri (17 piedi) di diametro tramite una riduzione del cambio di 0,35:1.

L'R-3350-13 era lungo 1,94 metri (76,26 pollici), aveva un diametro di 1,42 metri (55,78 pollici) e pesava 1.210 kg (2.668 libbre).

Wright costruì 50 di questi motori.

- L'XB-29 aveva una velocità massima di 592 km/h (368 miglia orarie) e una velocità di crociera di 410 km/h (255 miglia orarie), con una tangenza di servizio era di 9.784 metri (32.100 piedi).

L'aereo era progettato per trasportare 9.072 kg (20.000 libbre) di bombe. Sebbene i prototipi fossero disarmati, i B-29 di produzione erano difesi da 10 mitragliatrici Browning AN-M2 calibro 12,7 mm in quattro torrette di potenza azionate a distanza, con altre 2 mitragliatrici calibro 12,7 mm e un singolo cannone automatico AN-M2 da 20 mm nella coda.

Per progettare i prototipi erano state necessarie oltre 1.400.000 ore di lavoro di ingegneria.

Il primo prototipo, 41-002, fu demolito nel 1948.

- La fase di test proseguì fino al 18 febbraio 1943, quando il secondo prototipo, numero di serie 41-003, precipitò, con ai comandi Edmund T. Allen, capo collaudatore e capo della sezione Ricerca della Boeing.

Dopo un volo di due ore per provare le prestazioni dell'impianto propulsivo uno dei quattro motori prese fuoco: probabilmente, a causa dell'utilizzo significativo di magnesio, l'incendio si propagò dal motore lungo l'intelaiatura dell'ala, causandone la rottura.

L'incidente costò la vita a diversi membri del personale della ditta coinvolto nella progettazione.

Eddie Allen si sporge dal finestrino della cabina di pilotaggio dopo il primo test di rullaggio dell'XB-29.

Dopo l'incidente venne avviata una commissione congiunta dell'US Army Air force e del Congresso degli Stati Uniti per investigare sul programma relativo al B-29.

A capo il senatore Harry S. Truman.

Quest'ultimo redasse un rapporto dai toni caustici per incitare alla continuazione del programma.

Nei pochi mesi successivi i motori diedero parecchi problemi nei test di volo: per 23 test di volo, necessitarono 16 motori, con complessive sole 27 ore di volo.

L'equipaggio standard era di 12 uomini compreso il pilota, co-pilota, bombardiere, navigatore, ingegnere di volo, radio operatore, operatore radar, e cinque mitraglieri.

I primi sette soggetti occupavano la parte anteriore della cabina pressurizzata, quattro mitraglieri erano nel retro della cabina, e il povero mitragliere di coda era "stivato" per tutta la durata del volo nel suo piccolo vano pressurizzato.

Esemplari prodotti: 3

YB-29

L'YB-29 era una versione migliorata dell'XB-29 per testarne l'impiego: la fase di prove e valutazioni iniziò nell'estate del 1943, e durante questa fase vennero effettuate dozzine di modifiche ai velivoli.

- I motori vennero aggiornati dai Wright R-3350-13 ai Wright R-3350-21: inoltre vennero adottate eliche quadripala, anziché tripala come nell'XB-29.

Le Superfortress YB-29 in volo.

Vennero sperimentate diversi sistemi di controllo per le armi a distanza, in particolare adottato il quarto tipo provato.

Dopo aver valutato diverse combinazioni per l'armamento difensivo, alla fine questo venne standardizzato con 5 mitragliatrici da 12,7 mm in torrette montate a coppie.

L'YB-29 adottava anche un miglior sistema di controllo del fuoco. Dalla metà del 1943, l'impianto di Wichita iniziò a consegnare i primi 14 veivoli YB-29 per i test al 58th Bomb Wing.

Nell'YB-29, le torrette di Sperry vennero sostituite con modelli non retrattili tipo GE, azionate con puntatori computerizzati: le torrette GE potevano essere inserite nel pezzo di artiglieria, ma la necessità di corrente elettrica costrinse i progettisti ad appesantire il velivolo.

Esemplari prodotti: 14

B-29

Il B-29 era la prima versione di serie del Superfortress.

Data l'urgenza con cui si richiedeva l'entrata in servizio del nuovo bombardiere, la produzione in serie venne avviata parallelamente alle prove per testarne l'impiego.

Per questo motivo il primo B-29 di serie venne completato solo due mesi dopo la consegna del primo YB-29 di preserie.

Esemplari prodotti 2.513:

- 1.620 dalla Boeing-Wichita.
- 536 dalla Martin-Omaha.
- 357 dalla Bell-Marietta.

Varianti:

- RB-29: versione da ricognizione fotografica del B-29, designata originariamente F-13.
- Washington Mk 1: designazione britannica degli 88 B-29 consegnati alla Royal Air Force.

Alimentato da quattro motori radiali da 2.200 hp Wright R-3350-23 azionanti le eliche a quattro pale da 7 pollici, il B-29 poteva viaggiare a 550 km/h a 9.200 metri di altezza.

- Sulle lunghe distanze la velocità di crociera era di 354 km/h a 7.600 metri.

Nel Settembre del 1943, il primo B- 29 uscì dalle catene di montaggio di Wichita, seguito dalle consegne prodotte nei mesi successivi dagli altri impianti.

Alcuni degli ultimi B-29 avevano una livrea mimetizzata, mentre i rimanenti erano consegnati color metallo naturale.

I trenta serbatoi di benzina di cui erano dotati gli aeroplani, posizionati nelle ali e nelle stive delle bombe, potevano contenere più di 35.000 litri di benzina.

I sistemi radar hanno fortemente aiutato le fortezze volanti sia nella navigazione sia nell'acquisizione degli obiettivi da bombardare.

- La scelta del profilo alare dell'aereo era stata effettuata dalla divisione aerodinamica della Boeing ancor prima della progettazione del B-29.

Un profilo promettente creato per l'idrovolante "Boeing HRVV-1 Si Ranger".

Aveva un grande spessore nella parte centrale e una superficie concava sul bordo posteriore sopra e sotto.

Il profilo alto fornisce una bassa resistenza aerodinamica e una portanza significativa alle alte velocità: l'elevato rapporto tra portanza e resistenza aerodinamica consentiva di ridurre la superficie alare.

Le ali erano strutturalmente composte da 5 parti:

- Una sezione centrale.
- Due console, con carrello di atterraggio, flap e due gondole.
- Due estremità.

Gli elementi portanti di ciascuna parte sono i longheroni anteriore e posteriore collegati da nervature. Il telaio dell'ala è completato dal bordo anteriore del traliccio: per fissare il rivestimento delle lastre di duralluminio sono stati utilizzati rivetti a testa piatta.

Il B-29 "Superfortress" era dotato di grandi alette a stecche Flower-Zapp installate lungo il bordo d'uscita: le alette, rivestite in metallo, si estendevano dalla fusoliera alla pinna ed erano rivestite in materiale bilanciato dinamicamente e staticamente, dotate di valvole e trimmer.

Il design dell'ala, dei flap e degli alettoni ha permesso di garantire la velocità di atterraggio a 160 km / h.

La superficie alare totale era di 161,60 m^2 e il suo peso era di circa 9.980 kg.

Come la maggior parte degli altri bombardieri, il B-29 si sviluppò soprattutto nell'incremento della potenza di fuoco difensiva, in particolare contro gli attacchi frontali dei caccia avversari.

Nel caso del B-29, vennero aumentate da due a quattro le mitragliatrici di difesa "dorsale". Tuttavia, venne rimosso l'originale cannoncino da 20 mm posto in coda, per via delle linee di traiettoria così differenti e difficili da interpretare rispetto a quelle tracciate dalla tanto amata mitragliatrice calibro 12,7 mm.

L'ultimo B-29 venne prodotto dalla Boeings nello stabilimento di Wichita nell'ottobre 1945.

B-29A

Il B-29A era una versione migliorata del B-29 di serie.
Venne prodotta esclusivamente presso lo stabilimento Boeing di
Renton, Washington, dapprima utilizzato dalla US Navy.
Le innovazioni introdotte con il B-29A includevano un disegno
dell'ala migliorato e modifiche all'armamento difensivo.

B-29A-30-BN, 42-94106, in una missione a lungo raggio.

In seguito alla dimostrata debolezza del velivolo nei confronti di
attacchi dei caccia condotti frontalmente, venne raddoppiato,
portandolo a quattro, il numero di mitragliatrici nelle torrette
dorsali orientate verso prua.

- Le ali dei modelli precedenti erano costruite ricorrendo al
  sub-assemblaggio di due sezioni, ma dal B-29A in poi si
  iniziò a un utilizzare un'ala scomposta in tre sezioni.

Questa modifica rese più semplice l'assemblaggio del velivolo e portò a un irrobustimento del telaio.

Il B-29A rimase in produzione fino al maggio 1946, quando venne completato l'ultimo esemplare.

Trovò ampio impiego durante la Guerra di Corea, ma venne presto tolto dal servizio con l'introduzione dei bombardieri con propulsione a getto.

Esemplari prodotti: 1.119

Varianti:

- RB-29A: versione da ricognizione fotografica del B-29A, designata originariamente F-13.

B-29B

Il B-29B era una versione modificata con 7-8 uomini di equipaggio per effettuare raid a bassa quota con bombe incendiarie sulla madrepatria giapponese.

Essendosi l'opposizione dei caccia molto ridotta con l'avanzarsi dell'anno 1944, molti dei comandanti dell'USAAF, avanzarono la proposta che un bombardiere alleggerito, ma più veloce, avrebbe potuto evadere più facilmente dalla contraerea nipponica.

Tra i sostenitori di questa linea è da ricordare Curtis LeMay, comandante del 21° Bomber Command.

Venne, quindi, avviata alla produzione in serie questa variante, in cui tutto l'armamento difensivo era stato rimosso, con la sola eccezione della torretta di coda, in cui venne sostituito il cannone M2 con una coppia di mitragliatrici M2 da 12,7 mm.

Il peso risparmiato consentì di portare la velocità massima del velivoli da 574 km/h a 586 km/h: tutti i B-29B furono realizzati dallo stabilimento di Marietta, Georgia, della Bell.

Esemplari prodotti: 311

B-29C

Il B-29C era un variante del B-29A proposta, ma mai realizzata.
Si trattava sostanzialmente di un B-29A rimotorizzato con una
nuova versione migliorata dei motori Wright R-3350.
L'USAAF ne ordinò originariamente 5.000 esemplari, ma la
richiesta venne cancellata con la fine della guerra.
Esemplari prodotti: Nessuno.

B-29D

Il B-29D era una versione migliorata dell'intero progetto originario del B-29.

Introduceva nuovi motori Pratt & Whitney R-4360-35 da 3.500 Hp (2.600 kW) ciascuno, quasi il 60% in più dei Wright R-3350 dei B-29 di serie.

Presentava un nuova deriva allungata e un'ala ulteriormente rinforzata: il progetto era stato inizialmente denominato XB-44, poi assunse la designazione di B-29D.

I drastici tagli alla difesa seguiti alla fine della seconda guerra mondiale ridussero, però, le prospettive di ulteriore sviluppo del programma del B-29.

Tra l'altro, i membri del congresso erano riluttanti a continuare a sovvenzionare progetti sviluppati durante il conflitto: per questo motivo, il progetto del B-29D venne ridisegnato B-50, per farlo apparire completamente rinnovato anche nel nome.

Il programma del B-29D/B-50 venne, quindi, appoggiato, ma nessun B-50 fu completato con la vecchia designazione di B-29D.

Banchi di prova

Diversi B-29 delle diverse serie al termine della loro carriera furono convertiti per prestare servizio come banchi di prova volanti.

Tutti questi velivoli ricevettero proprie designazioni, anche quando si trattava di un solo esemplare convertito.

Tra questi aerei:

- XB-29E: un esemplare convertito per sperimentare sistemi elettronici di controllo del tiro.
- B-29F: sei esemplari convertiti per il servizio in climi artici in Alaska.
- XB-29G: un B-29B privato di armamento utilizzato come banco di prova per motori a getto.
  I motori a getto da testare venivano installati nel vano bombiero: durante il volo il motore veniva esposto al flusso d'aria esterno e acceso per testarne il comportamento.
  Tra i motori sperimentati: Allison J35, General Electric J47 e General Electric J73.
- XB-29H: test con nuovo armamento difensivo.
- YB-29J: 6 esemplari di B-29 di diverse serie modificati per collaudare nuovi propulsori destinati al mercato civile.
  Vennero adottati nuovi propulsori R-3350-79, nuove eliche Curtiss e nuove cappotatture dei motori di tipo "Andy Gump", in cui i radiatori dell'olio avevano prese d'aria separate.
  In seguito i sei velivoli vennero sottoposti a modifiche:
  - ❖ YKB-29J: due YB-29J vennero sviluppati come prototipi di aerocisterne del tipo ad asta rigida (Flying Boom) per il rifornimento in volo.

❖ RB-29J: i restanti quattro YB-29J furono convertiti in ricognitori, anche indicati come FB-29J

Numerosi esemplari di B-29 vennero convertiti per mettere a punto i sistemi di rifornimento in volo alla fine degli anni quaranta:

- KB-29M: aerocisterne a sonda flessibile, 92 esemplari.
  In un primo tempo i velivoli non adottavano una sonda flessibile di tipo britannico, ma un sistema più complicato basato su un gancio.
- B-29MR: aerei riceventi del programma relativo al KB-29M, 74 esemplari.
- YKB-29T: aerocisterna KB-29M modificata per ospitare una coppia di sonde alle estremità alari, in modo da poter rifornire tre aerei contemporaneamente.
  Servì da prototipo per il Boeing B-50KB-50D.
- KB-29P: aerocisterne ad asta rigida,116 esemplari.
  La tecnica venne sviluppata dalla Boeing per trasferire più rapidamente grandi quantità di carburante.
  L'asta, di tipo rigido, era installata a poppa dell'aerocisterna e terminava con due alette: le alette consentivano all'operatore a bordo dell'aerocisterna di manovrare la sonda.
  Questo metodo divenne rapidamente molto diffuso, venendo impiegato sui KB-50, KC-97 Stratotanker, e viene, tuttora, utilizzato sui KC-135 Stratotanker e KC-10 Extender.

EB-29

La designazione di EB-29 venne utilizzata genericamente per indicare quei B-29 modificati come aerei madre in diversi programmi sperimentali.

La E sta per Exempt, esente.

- EB-29B: esemplare matricola 44-84111 modificato nel vano bombiero per testare le operazioni di lancio e recupero del caccia parassita McDonnell XF-85 Goblin, destinato a essere imbarcato sui Convair B-36.

- ETB-29A: un TB-29°, matricola 44-62093, modificato nell'ambito del Progetto Tom-Tom per l'aggancio in volo alle estremità alari di una coppia di Republic F-84D Thunderjet come caccia parassita.

   L'ETB-29A e i due F-84 rimasero distrutti in un incidente il 24 aprile 1953.

- EGB-29: velivolo modificati nel vano bombiero per trasportare in volo il Bell X-1, aereo da ricerca supersonico che non era in grado di decollare autonomamente.

   Destinato a un analogo compito per il successivo Bell X-2, venne sostituito da un Boeing B-50.

SB-29

L'SB-29 'Super Dumbo' era la designazione dei B-29 adottati per compiti SAR (Search And Rescue), ricerca e soccorso, nel dopoguerra.

Il bombardiere veniva modificato per trasportare un battello di salvataggio A-3 paracadutabile sotto la fusoliera.

Gli SB-29 trovavano impiego come mezzo di soccorso per gli equipaggi di aerei impegnati in missione a largo raggio sull'acqua.

Venne mantenuto tutto l'armamento difensivo con la sola eccezione della torretta inferiore verso poppa.

Venne impiegato anche durante la guerra di Corea a metà degli anni cinquanta.

Il soprannome derivava da "Dumbo", il nomignolo dato dagli equipaggi di B-29 costretti ad ammaraggi d'emergenza agli aerei di salvataggio.

Esemplari convertiti: 16.

TB-29

TB-29 era la designazione dei B-29 convertiti a compiti di addestramento per gli equipaggi dei bombardieri.

Alcuni di questi vennero impiegati anche per il traino-bersagli, e la designazione di TB-29 venne utilizzata anche per gli aerei utilizzati solo con questo scopo.

Probabilmente il ruolo più significativo lo ebbero negli anni cinquanta, quando vennero impiegati come "bersagli radar" per mettere a punto le nuove tattiche di intercettazione dei caccia dell'USAF.

WB-29

WB-29 era la designazione dei B-29 convertiti per missioni meteorologiche (la lettera W nella sigla da Weather, tempo).

Questi aerei effettuavano in genere missioni standard per la raccolta di dati, ma vennero compiuti anche voli nell'occhio di un uragano o tifone per la raccolta di informazioni.

Un altro compito peculiare in cui furono impegnati, fu la raccolta di campioni di aria per misurare i livelli di radioattività in seguito a test nucleari.

A metà del 1951 tre B-29 vennero modificati per partecipare al programma Airborne Early Warning (Allarme preventivo aviotrasportato), che avrebbe condotto alla realizzazione dei primi AWACS.

La sezione superiore della parte anteriore della fusoliera subì ampie modifiche per ospitare un radar da ricerca AN/APS-20C.

Anche l'interno subì ampie modifiche per ospitare radar e i sistemi di contromisure elettroniche (ECM).

Questo portò allo sviluppo dei primi AWACS, incluso il Lockheed C-121 Warning Star.

Esemplari convertiti: 3

XB-39

L'XB-39 era un unico esemplare di YB-29 modificato per utilizzare i motori a V Allison V-3420-17 caratterizzati dal raffreddamento a liquido.

Tale modifica venne richiesta dall'USAAF nell'eventualità che i motori destinati al B-29, i Wright R-3350 potessero presentare difficoltà insormontabili nella fase di sviluppo.

A occuparsi della conversione del prototipo fu la General Motors. Poiché i problemi nello sviluppo del R-3350 furono risolti venne realizzato un solo XB-39 e non venne ordinato nessun aereo di preserie.

Esemplari convertiti: 1.

Tupolev Tu-4

Copia sovietica del B-29, con alcune migliorie ai motori e all'armamento.

Durante il 1945 tre Boeing B-29 furono costretti ad atterraggi di emergenza in Unione sovietica dopo azioni contro il territorio giapponese.

Poiché l'URSS non si trovava in guerra con il Giappone, gli equipaggi vennero internati, per poi essere rilasciati in seguito.

Per i B-29 la sorte fu ben diversa.

Tupolev Tu-4 al museo di Monino.

L'aeronautica sovietica all'epoca mancava di un valido bombardiere a lungo raggio, fu, quindi, ordinato all'OKB Tupolev di studiare i B-29 per produrlo in serie in URSS.

L'esercizio di retro-ingegneria ebbe successo e il primo esemplare volò il 19 maggio 1947 e ne venne avviata subito la produzione di serie.

L'Unione Sovietica utilizzava il sistema metrico e, quindi, non era disponibile la lamiera di alluminio in spessori corrispondenti alle misure consuetudinarie statunitensi del B-29.

Il corrispondente metallo di calibro metrico aveva spessori diversi, quindi, leghe e altri materiali nuovi per l'Unione Sovietica dovevano essere immessi in produzione.

Un'ampia riprogettazione dovette essere eseguita per compensare le differenze e i margini di resistenza ufficiali sovietici dovettero essere ridotti per evitare ulteriori riprogettazioni.

Le torrette dei cannoni telecomandate del B-29 furono riprogettate per ospitare il Nudelman NS-23 sovietico, un cannone da 23 mm (0,91 pollici) più potente e a più lunga gittata.

Il gruppo propulsore utilizzato fu di 4 motori Shvetsov ASh-73 TK 18 cilindri a pistoni raffreddati ad aria, con una potenza di 2.400 hp (1.790 kW) ciascuno.

- Nonostante queste sfide, il prototipo Tu-4 pesava solo 340 kg (750 libbre) in più del B-29, una differenza inferiore all'1%.

Esternamente identico al B-29, il Tupolev Tu-4, Bull in nome in codice NATO differiva per l'armamento difensivo.

Altra differenza era che il progetto era stato reingegnerizzato per accordarsi a una produzione di massa basata sul sistema metrico decimale.

Il Tu-4 era leggermente più lento e pesante dell'originale occidentale.

Enola Gay

Enola Gay è il nome del bombardiere B-29 Superfortress che il 6 agosto 1945, poco prima del termine della seconda guerra mondiale, sganciò sulla città giapponese di Hiroshima la prima bomba atomica della storia a essere stata utilizzata in guerra, soprannominata Little Boy.

- Enola Gay era il nome della madre del pilota, Paul Tibbets.

Nel 1994, l'aereo ottenne una maggiore attenzione nazionale negli Stati Uniti quando una mostra dello Smithsonian Institution al National Air and Space Museum di Washington fu modificata a causa di una contestazione sui contenuti storici dell'esposizione.

Dal 2003, Enola Gay è in mostra nello Steven F. Udvar-Hazy Center presso l'aeroporto internazionale di Dulles, in Virginia.

L'Enola Gay venne costruito dalla Glenn L. Martin Company nello stabilimento di Omaha, Nebraska, in quella che oggi è la Offutt Air Force Base, e selezionato personalmente dal colonnello Paul Tibbets, comandante del 509° Gruppo Composito il 9 maggio 1945, quando era ancora sulla linea di assemblaggio, come il B-29 che avrebbe utilizzato per la missione dello sgancio della prima bomba atomica.

L'aereo venne accettato dall'United States Army Air Forces (USAAF) il 18 maggio 1945 e assegnato all'equipaggio B-9 (capitano Robert Lewis, comandante dell'aereo), che pilotò l'aereo da Omaha alla base del 509° al Wendover Army Air Field, nello Utah, il 14 giugno 1945.

Tredici giorni dopo lasciò Wendover per Guam, dove venne modificata la stiva delle bombe, e proseguì per Tinian il 6 luglio.

- Gli venne assegnato il victor number 12, che venne in seguito cambiato in 82.

Dopo aver compiuto otto missioni di addestramento e due di combattimento in luglio, l'aereo venne usato il 31 luglio in una prova della missione vera e propria, con una finta "Little Boy" che venne sganciata al largo di Tinian.

Il 5 agosto 1945, durante i preparativi per la prima missione atomica, Tibbets diede all'aereo il nome di sua madre, Enola Gay Tibbets (1893-1983, che portava quel nome da un'eroina di un romanzo).
Secondo Gordon Thomas e Max Morgan-Witts, il comandante regolarmente assegnato dell'aereo, Robert Lewis, era scontento di venire scavalcato da Tibbets per questa importante missione, e si infuriò quando arrivò davanti all'aereo la mattina del 6 agosto e lo vide dipinto con il nuovo nome.
Lo stesso Tibbets, intervistato a Tinian alla fine di quel giorno da un corrispondente di guerra, confessò di sentirsi un po' imbarazzato per aver associato il nome di sua madre a una missione così fatidica.

L'Enola Gay venne assegnato al 393° squadrone bombardieri, 509° Gruppo Composito dell'USAF, e volò la missione del 6 agosto partendo da Tinian, una grande isola con diverse basi aeree USAF nell'arcipelago delle Isole Marianne.

- L'aereo era uno dei quindici B-29 con l'ultima modifica "Silverplate", necessaria a sganciare ordigni atomici.

Enola Gay, (B-29-45-MO, numero di serie 44-86292), Victor Number 82, pilotato dal Colonnello Tibbets, che trasportava la bomba all'uranio Little Boy.

Equipaggio Enola Gay

L'equipaggio dell'Enola Gay nella missione del 6 agosto 1945 era composto da dodici persone:

- Colonnello Paul Tibbets, pilota
- Capitano Robert A. Lewis, copilota
- Maggiore Thomas Ferebee, bombardiere
- Capitano Theodore Van Kirk, navigatore di bordo
- Tenente Jacob Beser, specialista radar
- Capitano William Sterling "Deak" Parsons, responsabile armamenti
- Sottotenente Morris R. Jeppson, assistente del responsabile armamenti
- Sergente Joseph S. Stiborik, radar
- Sergente tecnico Robert Caron, mitragliere di coda
- Sergente Robert Shumard, assistente ingegnere di volo
- Private First Class Richard Nelson, operatore radio
- Technical Sergeant Wyatt Duzenberry, ingegnere di volo

Colonnello Paul Tibbets

Pilota e Comandante dell'Enola Gay.
Nel 1959 Tibbets fu promosso al grado di brigadiere generale, per poi ritirarsi dall'aeronautica statunitense il 31 agosto 1966.
Alcuni anni prima di morire dichiarò in un'intervista:

- "Non sono orgoglioso di aver ucciso 80.000 persone, ma sono orgoglioso di essere partito dal niente, aver organizzato l'intera operazione e aver eseguito il lavoro perfettamente, la notte dormo bene".

Morì a Columbus il 1° novembre 2007 all'età di 92 anni: temendo di possibili ritorsioni e proteste, perché nel corso degli anni era stato più volte minacciato di atti vandalici sulla sua sepoltura, per suo volere Tibbets chiese di farsi cremare e, infatti, le sue ceneri sono state sparse sul Canale della Manica che aveva sorvolato più volte durante la guerra.
Tibbets lasciò l'aeronautica militare Usa nel 1966 con il grado di Generale e mise in piedi una società di taxi-jet in Ohio.
Secondo quanto ha riferito l'amico di famiglia Gerry Newhouse, ha lasciato detto di non celebrare un funerale e di non porre una lapide sulla sua tomba, per il timore che divenga un luogo per manifestazioni di protesta.
In un'intervista del dicembre 2003, Tibbets affermava che non dichiarò la missione all'equipaggio fino a che non si trovarono in rotta: l'equipaggio di volo, tecnici, ingegneri, fornitori e altre persone di supporto non conoscevano, infatti, lo scopo della missione o il risultato finale del loro compito.
Egli si diresse sul retro dell'aereo per dare all'equipaggio i ragguagli circa l'arma che chiamavano "gimmick".

"Oggi stiamo per lanciare un'arma speciale sull'obiettivo, che è Hiroshima," disse Tibbets all'equipaggio.

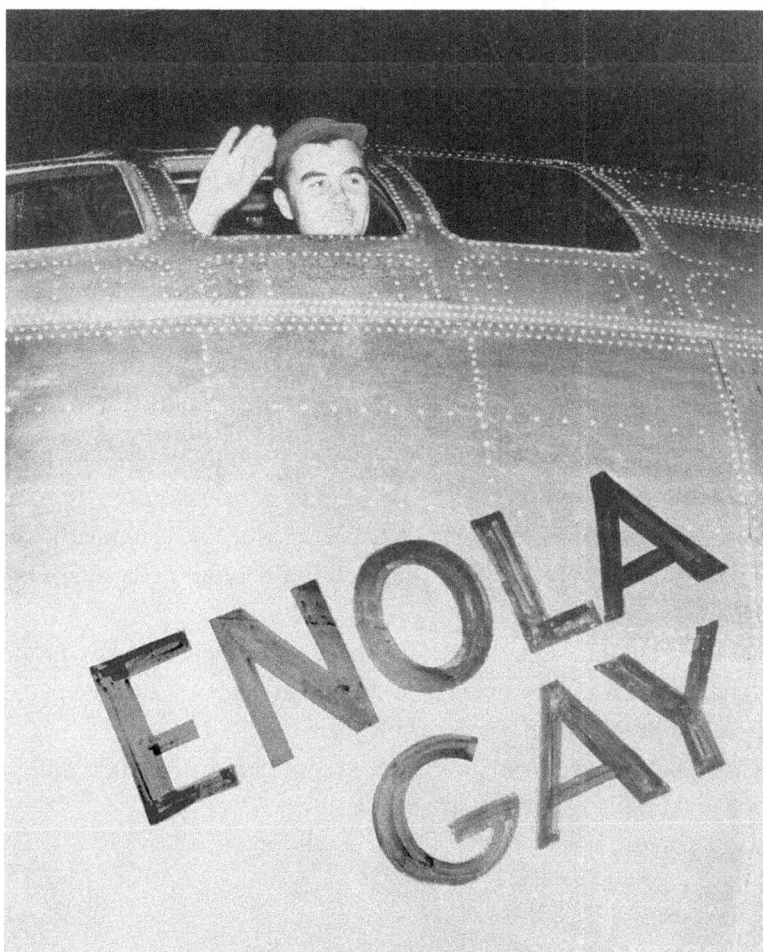

Il colonnello Paul Tibbets, pilota e comandante dell'Enola Gay, accenna ai giornalisti di spostarsi sporgendosi dall'abitacolo dell'aereo prima di decollare per il bombardamento di Hiroshima.

"L'esplosione e lo spostamento d'aria saranno come un inferno. Voi non immaginate quello che state per vedere".

Tibbets spiega che la ragione per cui rivelò il segreto prima dello sgancio della bomba era portare a conoscenza il suo equipaggio della gravità del loro lavoro di quel giorno. Tibbets, inoltre, ha confermato che offrì del cianuro ai membri dell'equipaggio nel caso in cui qualcosa fosse andato storto: soltanto due lo accettarono.

- La copia autografa di uno dei giornali di bordo dell'Enola Gay è stato aggiudicato in un'asta a New York per 50.000 dollari (aprile 2015). Lo ha annunciato la casa d'aste Bonhams.

Robert Lewis, co-pilota della superfortezza volante B-29 aveva realizzato questa copia nel 1945 su richiesta di un giornalista del New York Times. L'originale era stato scritto il 6 agosto 1945, volando verso Hiroshima, e vi aveva descritto la missione che era classificata top secret.

Aveva intitolato "Lettera per mamma e papà" il documento, dal momento che gli era vietato di rivelare i dettagli della missione, ha spiegato la casa d'aste.

"Sono convinto che tutto l'equipaggio ha sentito che questa esperienza ha rappresentato più di quanto qualsiasi essere umano avrebbe immaginato" ha scritto Robert Lewis.

L'originale, invece, era stato venduto all'asta per 391.000 dollari nel 2002 dalla casa d'aste Christies.

Capitano Robert A. Lewis

Fu il capitano Robert Lewis, dopo aver verificato con un binocolo gli effetti della bomba sganciata su Hiroshima, a scrivere nel suo diario: "My God what have we done?" ("Mio Dio, che cosa abbiamo fatto?").

Divenuto collaudatore di bombardieri B-24, B-26, B-17 e B-29, fu in seguito designato quale comandante in seconda e copilota del bombardiere B-29 Superfortress "Enola Gay".

- Nel 1971, Lewis vendette all'asta il suo personale diario della missione su Hiroshima, scritto durante il volo su richiesta del giornalista William L. Laurence.

Il manoscritto fu battuto da Christie's e venduto a un acquirente non noto per 37.000 dollari, per poi essere rivenduto a Malcolm Forbes e, dopo la morte di quest'ultimo, nuovamente venduto e acquistato da un acquirente anonimo.

Prima della vendita del 1971, Lewis fece sei copie manoscritte del registro, una per la moglie e una per i cinque figli; una copia fu venduta nel 2015 per 50.000 dollari.

Dopo la guerra e il suo onorevole congedo dal servizio, divenne pilota di una compagnia aerea commerciale, l'American Overseas Airlines, specializzandosi nelle rotte da New York a Londra.

E' morto all'età di 65 anni, il 18 giugno 1983.

Maggiore Thomas Ferebee

Thomas Wilson Ferebee (bombardiere a bordo dell'Enola Gay), fi l'uomo che sganciò la bomba atomica su Hiroshima: è morto il 17 marzo del 2000 all'età di 81 anni.
Ha lasciato la moglie, Mary Ann, e quattro figli.

- «Non mi sono mai sentito colpevole, aveva detto in una delle sue ultime interviste, ma mi spiace che tanta gente sia morta per la bomba e odio pensare che una cosa come questa sia dovuta avvenire per porre fine alla guerra».

Ferebee aveva il grado di maggiore ed era un veterano della guerra in Europa e nel Pacifico quando il 6 agosto 1945 sganciò la bomba che uccise 100.000 persone a Hiroshima. Ferebee aveva una lunga esperienza di incursioni sul territorio nemico, acquistata nel 1942 sulla Francia occupata dai nazisti. Era stato il bombardiere capo del primo attacco aereo sferrato dagli alleati in Europa alla luce del giorno.
Prima della pensione ha combattuto in Corea e in Vietnam.
Oltre a lui, soltanto un altro uomo aveva sganciato una bomba atomica in una azione di guerra, Kermit Beahanan, il bombardiere che il 9 agosto 1945 distrusse Nagasaki, morto nel 1989.
Nel 1995, mentre i suoi compagni di volo celebravano con dichiarazioni baldanzose il cinquantenario della bomba che diede la vittoria agli Stati Uniti, Ferebee aveva assunto un atteggiamento più moderato.

- «Dobbiamo guardarci indietro, aveva detto, e ricordarci quello che una sola bomba ha potuto fare. E dobbiamo renderci conto che questo non può accadere mai più».

Capitano Theodore Van Kirk

Navigatore di bordo.

Ammise: "Io lasciai Hiroshima, ma Hiroshima non lasciò mai me".

Individuò per primo l'inconfondibile ponte a forma di «T», il target di riferimento, accanto alla cupola del palazzo dell'Esposizione Industriale.

Se ne è andato a 93 anni in una tranquilla casa di riposo a Stone Mountain, nel cuore della Georgia, Stati Uniti, senza aver mai avuto un rimorso o un ripensamento.

- Theodore Van Kirk, l'ultimo membro dell'equipaggio dell'Enola Gay che sganciò la bomba atomica su Hiroshima nel 1945, è morto di vecchiaia mercoledì 30 luglio 2014 all'età di 93 anni.

Arruolatosi nell'aviazione statunitense nel 1941, l'olandese, così veniva chiamato Van Kirk, non divenne mai pilota, ma navigatore di volo talmente abile da essere scelto per quella che gli venne presentata come una missione top-secret.

Una missione che doveva portare alla fine della Seconda Guerra Mondiale. E così fu.

Assoldato dal collega e amico colonnello Paul Tibetts, capo team del fatidico bombardiere B-29, dopo mesi di duro addestramento Van Kirk guidò con le sue carte di volo l'Enola Gay, in sole sei ore e mezza, dall'isola di Titian nelle Marianne fino ai cieli sopra Hiroshima.

Era il 6 Agosto 1945: alle 8.15 del mattino la prima bomba nucleare fu lanciata sulla città giapponese.

Uccise più di 240.000 persone e gettò il pianeta nell'era atomica.

"L'aereo subì due enormi sobbalzi, fu avvolto da flash di luce fortissimi - ha raccontato in varie interviste l'Olandese - io guardai giù, la città sembrava bollire nelle fiamme, e il mio primo pensiero fu: La Guerra è finita. Bene. E provai sollievo".

Per tutta la sua vita mio padre ha pensato di aver fatto solo e semplicemente il suo dovere - ha raccontato il figlio Thomas - È stato un meraviglioso papà e la sua esistenza è molto più dell'Enola Gay».

Van Kirk non parlò della sua esperienza per molti anni.

Ma nel 2005, in occasione del sessantesimo anniversario di Hiroshima, disse ai media americani: "Nessuno di noi dell'equipaggio soffrì alcun effetto fisico dalle radiazioni. Non solo: nessuno di noi ha avuto problemi psicologici o si è ritirato in un monastero".

Conclusa la storica missione, l'Olandese fu insignito di medaglie. Finita la guerra lasciò l'aviazione, si prese un master in ingegneria chimica e lavorò per trent'anni alla DuPont. Cresciuto in una fattoria in Pennsylvania, il navigatore era nato nel 1921: ora, i suoi resti sono tornati nella cittadina d'origine di Northumberland per essere sepolti accanto a quelli della moglie.

Tenente Jacob Beser

Specialista Radar.

L'unico a volare anche nel bombardamento di Nagasaki; infatti, tre giorni dopo, Beser era anche membro dell'equipaggio del Bockscar, il bombardiere che effettuò il secondo bombardamento atomico di Nagasaki.

Alla domanda sulle sue missioni con la bomba atomica in numerose interviste, Beser ha dato la seguente risposta:

Per anni mi sono state poste due domande:

1. Lo rifaresti?
2. Ti senti in colpa per aver preso parte alla distruzione di Hiroshima?

Bisogna considerare il contesto dei tempi in cui vengono prese le decisioni. Date le stesse circostanze esistenti nel 1945, non esiterei a prendere parte a un'altra missione simile.

No, non provo alcun dolore o rimorso per qualunque piccolo ruolo abbia interpretato. Che dovrei è pazzesco. Ricordo Pearl Harbor e tutte le atrocità giapponesi. Ricordo lo shock che tutto ciò portò alla nostra nazione. Non voglio sentire alcuna discussione sulla moralità.

- La guerra, per sua stessa natura, è immorale.

Siete più morti a causa di una bomba atomica che a causa di una bomba convenzionale?

Capitano William Sterling "Deak" Parsons

Responsabile armamenti.

Per evitare la possibilità di un'esplosione nucleare se l'aereo si fosse schiantato o bruciato in fase di decollo, decise di armare la bomba in volo. Mentre l'aereo era in rotta verso Hiroshima, Parsons si arrampicò nell'angusto e buio vano bombe e inserì la carica di polvere e il detonatore.

- Gli fu conferita la Silver Star per la sua parte nella missione.

Dopo la guerra, Parsons fu promosso al grado di contrammiraglio senza aver mai comandato una nave.

Partecipò all'Operazione Crossroads , ai test sulle armi nucleari a Bikini Atoll nel 1946, e in seguito ai test dell'Operazione Sandstone a Enewetak Atoll nel 1948.

Nel 1947, divenne vice comandante dell'Armed Forces Special Weapons Project .

Morì di infarto nel 1953.

Sottotenente Morris R. Jeppson

Assistente del responsabile armamenti.

Jeppson e il capitano William Parsons avevano il compito di armare la bomba durante il volo dall'isola di Tinian al Giappone prima che raggiungessero Hiroshima e rimuovere le spolette della bomba, poco prima che venisse sganciata.

- La bomba durante il volo era protetta da una esplosione accidentale da quattro spine di sicurezza dello spessore di una sigaretta, di circa tre centimetri di lunghezza, inserite nell'impianto elettrico interno perché nessuno sbalzo di tensione azionasse il meccanismo.

Jeppson aveva conservato due di queste e sono state vendute al fisico pensionato Clay Perkins per 167.000 dollari, ritenute da quest'ultimo gli oggetti più importanti del secolo scorso perché componenti del primo ordigno nucleare della storia.

Negli anni cinquanta Jeppson ha lavorato come ricercatore al Lawrence Livermore National Laboratory, in California, contribuendo a sviluppare le armi termonucleari, molto più potenti e devastatrici delle atomiche.

Altre grandi innovazioni tecnologiche che ha contribuito a sviluppare sono: la tecnologia delle microonde e gli stabilizzatori montati sugli elicotteri.

Sergente Joseph S. Stiborik

Operatore Radar.
Joseph S. Stiborik prestò servizio come sergente nel 393°
Bombardment Squadron, parte del 509 ° Composite Group.

- Lavorò come operatore radar sull'Enola Gay, aiutando a
  pilotare l'aereo e a sorvegliare gli aerei nemici.

Stiborik e i suoi compagni del 509° si allenarono duramente
negli anni, imparando a manovrare e a usare i loro aerei nelle
condizioni di una bomba atomica appena esplosa senza sapere
perché lo stessero facendo. Anche la settimana prima della
missione di bombardamento nell'agosto del 1945 fu difficile,
poiché ogni membro dell'equipaggio dovette imparare e
memorizzare mappe e altre informazioni sul sito della bomba.
La notte prima della missione, Stiborik partecipò a una messa
cattolica, un momento di pace prima della fanfara in stile
Hollywood che lo avrebbe accolto alle 2:30 del mattino
seguente.
Mentre l'equipaggio dell'Enola Gay si preparava al decollo, i
pezzi grossi dell'esercito erano in piedi ad assistere mentre i
bulbi delle telecamere lampeggiavano e le troupe
cinematografiche registravano l'inizio della missione storica.
Pochi mesi dopo, nel novembre del 1945, Stiborik fu congedato
e tornò a casa in Texas. Lui e sua moglie si sistemarono ed
ebbero due figlie. Si trasferirono a Rockdale, Texas, dove
Stiborik lavorò per la Industrial Generating Company.
Morì lì il 30 giugno 1984.

- Curiosità: la moglie Helen conserva ancora un mazzo di
  chiavi dell'Enola Gay.

Sergente tecnico Robert Caron

Il mitragliere di coda Bob Caron, disse di essere provato guardando le fotografie della distruzione, "un po' di senso di colpa".

- In un'altra occasione, quando era più avanti negli anni, disse anche "quando penso alle bombe a fissione o a fusione di oggi mi chiedo se non stiamo inoltrandoci nel territorio di Dio".

Rimase, comunque, l'unico difensore dei dodici membri dell'equipaggio del B-29 Enola Gay. Caron era anche l'unico fotografo a bordo e scattò fotografie mentre la nube a fungo si sollevava. Dei quattro aerei del 509th Composite Group assegnati al bombardamento di Hiroshima, la macchina fotografica di Caron e altre due catturarono l'esplosione su pellicola.

Immediatamente prima della missione, l'ufficiale addetto alla fotografia del 509th, il tenente Jerome Ossip, chiese all'allora sergente maggiore Caron di portare una macchina fotografica portatile Fairchild K-20 .

Dopo la missione, Ossip sviluppò le foto da tutti gli aerei, ma scoprì che le macchine fotografiche fisse non riuscivano a registrare nulla. La pellicola di un'altra macchina fotografica portatile era stata mal gestita durante lo sviluppo, rendendo quelle di Caron le uniche fotografie ufficiali dell'esplosione. Il sottotenente Russell Gackenback, navigatore a bordo dell'allora senza nome Necessary Evil , scattò due fotografie della nube circa un minuto dopo la detonazione usando la sua macchina fotografica personale AFGA 620. Le fotografie dell'esplosione scattate da Caron vennero stampate su milioni di volantini che vennero lanciati in Giappone il giorno dopo.

Sergente Robert Shumard

Assistente ingegnere di volo.

Soldato dell'United States Army Air Corps durante la seconda guerra mondiale.

Robert H. Shumard prestò servizio come sergente nel 393° Bombardment Squadron.

Lavorò come assistente ingegnere, aiutando gli altri ingegneri dell'equipaggio a mantenere gli aerei in funzione durante le missioni di bombardamento.

Era un membro dell'equipaggio del bombardiere B-29 Superfortress "Enola Gay" nella sua missione del 6 agosto 1945, per sganciare la bomba atomica "Little Boy" sulla città giapponese di Hiroshima, in qualità di assistente ingegnere di volo.

- Prima della missione di bombardamento di agosto, Shumard e il resto del 509th Composite Group si addestrarono all'aeroporto di Wendover, nello Utah. A differenza della maggior parte degli squadroni di bombardamento, il 509th si addestrò per la sua missione per 15 mesi prima di entrare in combattimento.

Shumard prestò servizio nell'esercito fino alla fine del 1945, quando fu congedato, continuando a servire il suo paese attraverso le Air Force Reserves dopo il suo ritiro dalle Forze Armate.

Si è trasferito a Detroit, Michigan, dove ha lavorato come Sales Manager per la Sampson Company di Detroit, un grossista di forniture idrauliche e di riscaldamento.

E' deceduto il 24 aprile 1967 all'età 46anni.

Operatore di Prima Classe Richard Nelson

Operatore radio.

Richard "Dick" H. Nelson prestò servizio come soldato semplice di prima classe nel 509th Composite Group . Fu l'operatore radio dell'Enola Gay durante la sua missione a Hiroshima.

Il 25 giugno 1945, si recò a Tinian con Paul Tibbetts , Dutch Van Kirk e Tom Ferebee . Sebbene avessero completato le prove prima delle missioni di Hiroshima, Tibbetts, Van Kirk, Ferebee e Nelson eseguirono insieme solo una missione vera e propria, la missione di Hiroshima.

- Dopo aver sganciato la bomba atomica su Hiroshima, Nelson inviò una serie di messaggi in codice a Tinian per segnalare il successo dell'Enola Gay .

Dopo la seconda guerra mondiale, Nelson incontrò sua moglie, Nancy. Si sposarono poco prima che Nelson accettasse un nuovo lavoro a Boston. Più tardi, negli anni '70, la coppia e i loro figli si trasferirono in California.

Richard H. Nelson morì il 1° febbraio 2003 alle 3:00 del mattino, tre ore prima che gli astronauti dello Space Shuttle Columbia morissero durante il rientro nell'atmosfera terrestre.

Nella sua intervista, Nancy ha ricordato che alla cerimonia funebre di Dick, Forrest Haggerty, un amico e autore del libro su 43 Seconds to Hiroshima, disse che gli astronauti "volevano che un uomo molto gentile li accogliesse alle Porte del Paradiso, e quell'uomo era Dick Nelson".

Sergente Tecnico Wyatt Duzenberry

Ingegnere di volo.
Il sergente tecnico Wyatt E. Duzenbury nacque il 6 aprile 1913.
Si arruolò nell'Army Air Corps nel 1942.
Prestò servizio come sergente tecnico nel 393rd Bombardment Squadron e si addestrò a Wendover, nello Utah.
Duzenbury fu l'ingegnere di volo a bordo dell'Enola Gay nel volo per Hiroshima per sganciare la prima bomba atomica il 6 agosto 1945.

- In seguito gli fu conferita la Silver Cross per il suo servizio militare durante la seconda guerra mondiale.

E' deceduto il 31 agosto 1992 a Smyrna, nella contea di Cobb, Georgia.

L'equipaggio di Enola Gay.
In prima fila da sinistra a destra: Jacob Beser, primo tenente; Norris R. Jeppson, secondo tenente; Theodore J. Van Kirk, capitano; il maggiore Thomas W. Ferebee; William S. Parsons, capitano; il colonnello Paul W. Tibbets Jr. e il capitano Robert A. Lewis.
In seconda fila: il sergente Robert R. Shumard, il soldato Richard H. Nelson e i sergenti Joe A. Stiborn, Wyatt E. Duzenbury e George R. Caron.

I Sette Bombardieri

Insieme all'Enola Gay, parteciparono alla missione altri sei aerei, per un totale di sette B-29:

- Enola Gay.
- Great Artiste.
- Number 91.
- Top Secret.
- Straight Flush.
- Jabitt III.
- Full House.

Great Artiste

Great Artiste, era un bombardiere B-29 Silverplate dell'aeronautica americana (B-29-40-MO 44-27353), Victor Number 89.
Silverplate era il codice di riferimento per la partecipazione delle forze aeree dell'esercito degli Stati Uniti al Progetto Manhattan durante la seconda guerra mondiale.

Originariamente, il nome del progetto di modifica dell'aereo che consentì a un bombardiere B-29 Superfortress di sganciare un'arma atomica, "Silverplate" finì per identificare anche gli aspetti addestrativi e operativi del programma.
La direttiva originale per il progetto aveva come oggetto "Progetto Silver Plated", ma l'uso continuato del termine lo ha abbreviato in "Silverplate".
L'aereo prese il nome dal suo bombardiere, il capitano Kermit Beahan, in riferimento al suo talento nei bombardamenti.

- Pilotato dal Maggiore Charles Sweeney, trasportava i tre strumenti usati per la misurazione degli effetti dell'esplosione atomica.

Durante la missione su Hiroshima, il Great Artiste non trasportava la bomba, che, sappiamo, era a bordo dell'Enola Gay.

Il ruolo del Great Artiste era:
- Trasportare strumenti scientifici
- Misurare l'energia dell'esplosione
- Registrare dati sull'onda d'urto
- Raccogliere informazioni sulle radiazioni

Era, quindi, un aereo di supporto scientifico.

Tre giorni dopo partecipò anche alla missione su Nagasaki.
- Questa volta la bomba Fat Man fu sganciata dal B-29 Bockscar.

In origine, il Great Artiste doveva portare la bomba, ma per evitare di spostare tutta la strumentazione scientifica, gli equipaggi si scambiarono gli aerei.

Così:
- Bockscar portò la bomba
- Great Artiste portò gli strumenti

Anche in questa missione il suo compito fu scientifico.

Il Great Artiste fu, quindi, l'unico aereo presente in entrambe le missioni atomiche operative (Hiroshima e Nagasaki).

Dopo la fine della guerra, il Great Artiste continuò a volare per qualche tempo.

In seguito fu riportato negli Stati Uniti, fu usato per test e, infine, ritirato dal servizio, per essere poi demolito nel 1949.

Il Great Artiste è ricordato perché aiutò gli scienziati a capire la potenza delle bombe atomiche, gli effetti delle esplosioni nucleari e l'impatto militare della nuova arma.

- Questi dati influenzarono lo sviluppo delle armi nucleari durante la Guerra Fredda.

Victor Number 91

Victor Number 91, allora senza nome, poi Necessary Evil più tardi, (Numero militare: 44-86291) era pilotato dal Capitano George Marquardt, che trasportava gli osservatori scientifici e conteneva l'attrezzatura per filmare l'esplosione.

Vicino alla cabina di pilotaggio era stata installata una telecamera Fastax capace di scattare più di 7.000 immagini al secondo.

Il fisico Bernard Waldman era stato incaricato di scattare le riprese, ma aveva solo un minuto di filmato a quella velocità.

La telecamera puntava in direzione di Hiroshima, a circa 27 chilometri di distanza.

Dopo aver ricevuto il segnale di caduta da Enola Gay, Waldman attese quaranta secondi prima di iniziare la registrazione.

- A Tinian, un errore di gestione ha danneggiato parte del film durante lo sviluppo.

Dopo il 1945 partecipò ad altre missioni di test nucleari, fu usato per esperimenti radar e fu ritirato nel 1956, per essere poi distrutto come bersaglio per test militari in California.

Il B-29 Number 91 aveva compiti molto specifici:
- Fotografare la bomba atomica
- Registrare i dati dell'esplosione
- Trasportare gli scienziati del Manhattan Project
- Osservare la nube atomica.

Il numero 91 arrivò leggermente dopo l'Enola Gay sopra Hiroshima? perché doveva posizionarsi per fotografare l'esplosione nel modo migliore.

Le foto scattate da questo aereo sono ancora oggi tra le immagini storiche più importanti della Seconda guerra mondiale.

A differenza dell'Enola Gay (oggi conservato in un museo), il Number 91 non fu salvato, perché all'epoca molti aerei non erano ancora considerati "storici". Tuttavia, gli storici lo considerano, comunque, uno dei tre aerei più importanti della missione Hiroshima.

Top Secret

Top Secret, (B-29-36-MO 44–27302), Victor Number 72.
Era l'aereo di riserva e volava verso Iwo Jima nel caso di
problemi meccanici con l'Enola Gay.

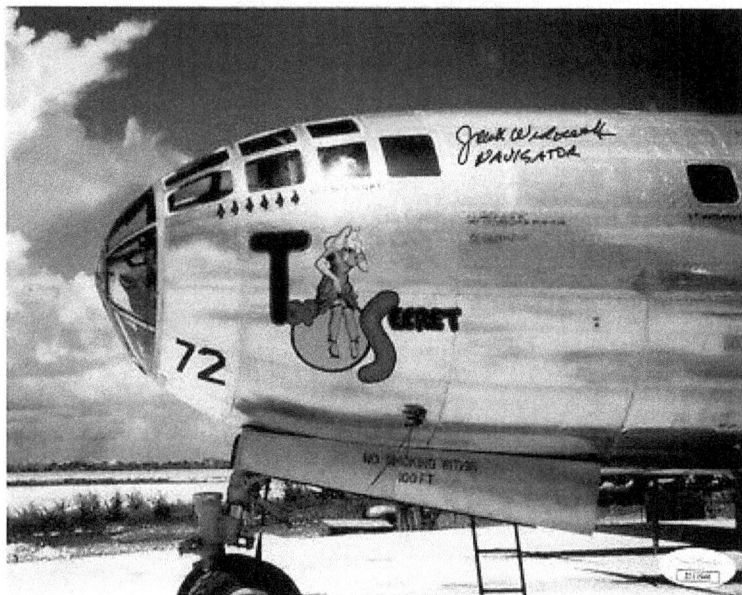

L'equipaggio era costituito da:
- Capitano Charles F. McKnight, comandante dell'aereo.
- Sottotenente Jacob Y. Bontekoe, copilota.
- Sottotenente Jack Widowsky, navigatore.
- Sottotenente Franklin H. MacGregor, bombardiere.
- Tenente George H. Cohen, ingegnere di volo.
- Sergente Lloyd J. Reeder, operatore radio.
- T/Sgt. William F. Orren, operatore radar.
- Sergente Roderick E. Legg, mitragliere di coda.

- Caporale Donald O. Cole, assistente ingegnere.

Il settimo velivolo in ordine di decollo era il Top Secret pilotato da Chuck McKnight, con l'incarico di volare verso Iwo Jima restando a disposizione in caso di necessità.

Straight Flush

Straight Flush (B-29-36-MO 44-27301) Victor Number 85.
Comandato da Claude Eatherly, che agiva come aereo da
ricognizione meteorologica e volava verso il bersaglio principale
Hiroshima.

Il pilota Claude Eatherly in seguito espresse rimorso, ricevette
un ricovero psichiatrico e si dedicò all'attivismo anti-nucleare,
che potrebbe essere l'origine delle leggende metropolitane
secondo cui Eatherly e altri membri degli equipaggi dei due aerei
(Enola Gay e Straight Flush) impazzirono dopo i
bombardamenti. Fu chiamato Straight Flush presumibilmente in
base alla propensione al gioco d'azzardo di Eatherly.
L'equipaggio era costituito da:

- Capitano Claude R.Eatherly, Comandante dell'aereo.
- Sottotenente Ira Cecil Weatherly Jr, pilota.
- Capitano Francis D. Thornhill, navigatore.

- Sottotenente Frank K. Wey, Jr., bombardiere.
- Sottotenente Eugene S. Grennan, ingegnere di volo.
- S/Sgt. Pasquale Baldasaro, Operatore Radio.
- Sergente Albert G. Barsumian, operatore radar.
- Sergente Gillon T. Niceley, cannoniere di coda.
- Sergente Jack Bivans, assistente ingegnere.
- Sergente Robert Wasz, Navigatore.

Dopo la guerra Eatherly divenne una figura controversa perché ebbe problemi psicologici, espresse rimorso per il suo ruolo nella missione, divenne un simbolo del dibattito morale sulle armi nucleari.

Jabit III

Jabitt III, con a capo John Wilson, era incaricato della ricognizione meteorologica del bersaglio secondario Kokura.

Jabit III era il nome del B-29 Superfortress (B-29-36-MO 44-27303), Victor Number 71, che partecipò all'attacco con la bomba atomica su Hiroshima il 6 agosto 1945.

- Assegnato al 393d Bomb Squadron, 509th Composite Group, Jabit III fu utilizzato come aereo da ricognizione meteorologica e volò verso la città di Kokura, designata come obiettivo secondario, prima del bombardamento finale, per determinare se le condizioni fossero favorevoli per un attacco.

Jabit III fu utilizzato dal comandante del gruppo, il colonnello Paul Tibbets, il 24 e 25 luglio per sganciare due finti assemblaggi di bombe atomiche Little Boy nell'oceano al largo di Tinian per testare il fuoco dei loro componenti radar-altimetro.

Oltre alla missione di Hiroshima e a due voli di prova, il Jabit III fu pilotato dal capitano Wilson e dall'equipaggio B-6 in dieci missioni di addestramento e pratica e tre missioni di combattimento, sganciando bombe su obiettivi industriali a Taira, Ube e Uwajima.

Il sottotenente Ralph Devore e l'equipaggio A-3 pilotarono il Jabit III in una missione con bombe a Osaka.

- Jabit III e l'equipaggio B-6 furono uno dei due rimandati a Wendover il 9 agosto 1945, per preparare una possibile terza bomba atomica, ma la guerra finì prima che ciò accadesse.

L'aereo non aveva un nome quando lasciò Tinian, ma, probabilmente, gli fu dato un nome e una decorazione al muso durante il suo ritorno negli Stati Uniti.

Fu danneggiato in un incidente di atterraggio a Chicago il 29 settembre 1945, durante un volo di addestramento, e fu demolito nell'aprile 1946.

L'equipaggio assegnato a Jabit III era costituito da:

- Capitano John A. Wilson, comandante dell'aereo.
- Sottotenente Ellsworth T. Carrington, copilota.
- Sottotenente James S. Duva, navigatore.
- Sottotenente Paul W. Gruning, bombardiere
- M/Sgt. James W. Davis, ingegnere di volo.
- Sergente Glen H. Floweree, operatore radio.
- Sergente Vernon J. Rowley, operatore radar.
- Caporale Chester A. Rogalski, mitragliere di coda.
- Caporale Donald L. Rowe, assistente ingegnere/scanner.

Full House

Full House, pilotato da Ralph Taylor, con funzione di ricognizione meteorologica del bersaglio alternativo Nagasaki.
Full House era il nome del B-29 Superfortress (B-29-36-MO 44-27298), Victor Number 83, che partecipò all'attacco atomico su Hiroshima il 6 agosto 1945.

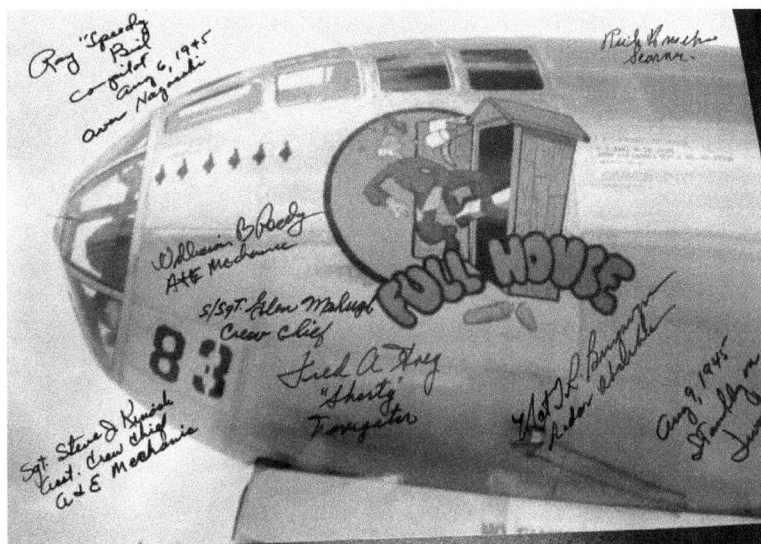

Assegnato al 393d Bomb Squadron, 509th Composite Group, fu utilizzato come aereo da ricognizione meteorologica e volò verso la città di Nagasaki, designata come "bersaglio terziario", prima del bombardamento finale per determinare se le condizioni fossero favorevoli per un attacco.
Anche se non sganciò direttamente una bomba atomica (come fecero gli aerei Enola Gay e Bockscar), Full House ebbe, comunque, un ruolo importante:

- A Hiroshima (6 agosto 1945) fu usato come aereo di riserva durante la missione.
- A Nagasaki (9 agosto 1945) effettuò una missione di ricognizione meteorologica per verificare le condizioni su possibili obiettivi.

Questi voli erano fondamentali perché le condizioni meteo determinavano se un bombardamento poteva essere eseguito.

L'aereo volò anche come aereo di riserva durante la missione per bombardare Nagasaki il 9 agosto 1945, ma atterrò a Iwo Jima quando il B-29 Bockscar fu in grado di completare la missione.

Oltre ai suoi ruoli nelle missioni di Hiroshima e Nagasaki, il capitano Taylor e l'equipaggio A-1 pilotarono il bombardiere in 12 missioni di addestramento e pratica e quattro missioni di combattimento in cui sganciò bombe zucca su obiettivi industriali a Toyama, Niihama, Yaizu e Ube, Yamaguchi.

Il capitano Frederick C. Bock e l'equipaggio C-13 pilotaronoFull House in una missione di bombe zucca a Komoro, Nagano.

Nel novembre 1945 tornò negli Stati Uniti con il 509th CG al Roswell Army Airfield. Nel giugno 1949 fu trasferito al 97th Bomb Group alla Biggs Air Force Base, Texas, quindi, riconfigurato come addestratore TB-29 nell'aprile 1950 dall'Oklahoma City Air Materiel Area alla Tinker Air Force Base.

L'equipaggio assegnato a Full House era costituito da:
- Capitano Wolcott A. Depree II., pilota.
- Capitano Ralph R. Taylor Jr., Comandante.
- Sottotenente Raymond P. Biel, copilota.
- Tenente Fred A. Hoey, navigatore.
- Tenente Michael Angelich, bombardiere.
- M/Sgt. Frank M. Briese, ingegnere di volo.
- Sergente S. Theodore M. Slife, operatore radio.
- Caporale Nathaniel TR Burgwyn, operatore radar.
- Sergente Robert J. Valley, mitragliere di coda.

- Caporale Richard Anselme, assistente ingegnere/scanner.

Il Full House fu ritirato dall'Aeronautica Militare nel novembre 1956: fu trasferito alla Marina Militare degli Stati Uniti e utilizzato come bersaglio presso la Naval Ordnance Test Station a China Lake, in California.

La Missione

L'obiettivo principale era Hiroshima, ma se il maltempo avesse impedito il bombardamento, Kokura e Nagasaki erano i potenziali obbiettivi alternativi.

Il Great Artiste di Charles Sweeney e il velivolo anonimo N° 91 di George Marquart, successivamente denominato Necessary Evil, che trasportava le attrezzature per le riprese e altra strumentazione speciale, erano di scorta all'Enola Gay.

Quella sera, dopo il pasto, i sette equipaggi che prendevano parte alla missione si riunirono per un breve briefing di pre-volo. Più tardi, alle 23:00, gli equipaggi dell'Enola Gay e degli altri due aerei che lo avrebbero accompagnato verso il suo obiettivo ricevettero il briefing definitivo; quella fu la prima volta in cui discussero della potenza della bomba che avrebbero sganciato. Rimasero sbalorditi, la vastità dell'esplosione richiedeva rapide manovre evasive da effettuare immediatamente dopo il rilascio della bomba, procedure a cui erano stati addestrati in modo preciso.

Tibbets scelse come suo navigatore Theodore "Dutch" Van Kirk e Thomas W. Ferebee come bombardiere; entrambi avevano partecipato con Tibbets alle missioni di bombardamento in Europa durante i primi anni della guerra.

Gli altri membri di equipaggio dell'Enola Gay erano Robert A. Lewis, copilota; Wyatt E. Duzenbury, ingegnere del volo; George R. "Bob" Caron, tiratore di coda; Joseph A. Stiborik, operatore radar; Richard H. "Junior" Nelson, radio operatore; Robert Shumard, assistente dell'ingegnere del volo; Jacob Beser, "Raven" ufficiale operatore radar; il Capitano della Marina William S. "Deak" Parsons, ufficiale delle armi preso a prestito dal Manhattan Project, che aveva portato alla costruzione della bomba; e il suo assistente, Morris R. Jeppson, specialista del sistema della spoletta di prossimità.

I nomi di tutti i membri, esclusi gli ultimi tre, le cui funzioni erano largamente collegate alla bomba, sarebbero stati successivamente impressi sul lato dell'aereo per ricordare la loro partecipazione allo storico volo.

La missione su Hiroshima venne descritta come impeccabile dal punto di vista tattico, e l'Enola Gay ritornò senza inconvenienti alla sua base di Tinian.

Il decollo ebbe luogo come programmato alle 02:45.

Tibbets portò l'aereo a bassa quota mentre il Capitano Parsons andò nel retro per armare la bomba. Quando raggiunsero Iwo Jima, Tibbets girò in tondo all'isola per attendere l'arrivo degli altri due aerei, per poi insieme riprendere progressivamente quota.

Avevano ancora 1.700 miglia da percorrere fino a Hiroshima e l'equipaggio faceva i turni per riposare. Questa sarebbe stata la tredicesima missione più lunga, e per un po' c'era poco da fare. Claude Eatherly, a bordo dell'aereo che li precedeva, raggiunse Hiroshima, trovò il cielo pulito, e comunicò via radio. Quindi tornò indietro verso la base: Hiroshima era diventato il bersaglio.

Come l'Enola Gay si avvicinò alla città, l'equipaggio era in grado di vederla chiaramente da oltre cinquanta miglia. Van Kirk richiamò Ferebee effettuando una lunga rotta per il bombardamento, probabilmente otto o nove minuti, eventualmente aggiustando la sua mira sul bersaglio, il ponte Aioi caratterizzato dalla forma di una T.

Egli ricorda: "Se mai avessimo effettuato una rotta di bombardamento come questa, in Europa e per così lungo tempo, ci avrebbero sicuramente buttati giù. Ma non ci fu opposizione".

Appena sganciata la bomba, l'aereo s'impennò, alleggerito del suo peso, e Tibbets effettuò una stretta virata. Quarantatre secondi più tardi, momento in cui la bomba raggiunse l'altitudine di detonazione di 570 metri sopra il suolo, il cielo si accese.

126

Anche se utilizzavano gli occhiali scuri, l'equipaggio si sentiva come se qualcuno avesse acceso un flash nei loro occhi. L'onda d'urto arrivò dopo altri quarantacinque secondi. Questo era il momento della verità. L'aereo barcollò, ma resistette all'esplosione. Il pericolo più imminente era passato. Nel mentre il fungo atomico si sollevava rapidamente, cosa che non si era mai vista prima, raggiungendo presto un'altitudine di sedici chilometri, cinque chilometri più in alto rispetto alla loro quota di volo. Nelson ricorda: "La città era proprio un'immensa confusione di fiamme e polvere". Van Kirk dice: "Somigliava a un recipiente in cui ribolliva catrame". Non c'era molto da capire, così i tre aereo tornarono verso la base. Nelson ricorda che durante la via del ritorno dissero: "che la guerra era finita.... Non possiamo pensare come possano ancora andare avanti .... con questo marchingegno". Guardandosi alle spalle Ferebee disse: "Non pensiamo di essere premiati né noi né il nostro aereo. Solo... far vedere quanto ha fatto in quel periodo. Le cose sono molto diverse oggi, e la gente vede le cose in modo molto diverso. Ma si deve tenere in considerazione il periodo in cui i fatti sono avvenuti".

Circa un'ora prima del bombardamento, la rete radar giapponese lanciò un allarme immediato, rilevando l'avvicinamento di un gran numero di velivoli americani diretti nella zona meridionale del Giappone. L'allarme venne diffuso anche attraverso trasmissioni radio in moltissime città del Giappone, e fra queste anche Hiroshima.

Gli aerei si avvicinarono alle coste dell'arcipelago giapponese a un'altezza molto elevata. Poco prima delle 08:00, la stazione radar di Hiroshima stabilì che il numero di aerei entrati nello spazio aereo giapponese era basso, probabilmente non più di tre, perciò l'allarme aereo venne ridimensionato (il comando militare giapponese, infatti, aveva deciso, per risparmiare il carburante, di non far alzare in volo i propri aerei per le formazioni aeree americane di piccole dimensioni). La missione Hiroshima non pose fine alla guerra. Nonostante la portata della distruzione, i giapponesi non si arresero immediatamente. Nelson pensò: "Era necessario qualcos'altro, e quel qualcosa era la seconda bomba... La seconda bomba era una necessità.... Si doveva dimostrare che si aveva più di un'arma."

Una colonna alta sei chilometri s'innalza da ground zero – il punto d'impatto della bomba – sulle rovine della città di Hiroshima.
La fotografia fu scattata attraverso il finestrino di plexiglass dal suo posto di combattimento da George Caron, mitragliere di coda di Enola Gay, al quale all'ultimo momento era stata data una macchina fotografica.

Egli sentiva che la bomba sganciata su Nagasaki avrebbe causato la resa entro tre giorni. Infatti, il primo bombardamento atomico venne seguito tre giorni dopo da quello di un altro B-29 (BOCKSCAR), pilotato dal maggiore Charles W. Sweeney, che sganciò un secondo ordigno nucleare, denominato "Fat Man", su Nagasaki. La missione su Nagasaki, per contro, è stata descritta come tatticamente errata; anche se raggiunse i suoi obiettivi, andò incontro a diversi errori di esecuzione e Bockscar ebbe a malapena il carburante necessario per un atterraggio di emergenza a Okinawa. L'ordigno da 4,2 tonnellate, battezzato 'Little Boy', venne sganciato alle 8,15. Esplodendo in aria poco prima di toccare il suolo di Hiroshima, la bomba sviluppò un'ondata di calore che raggiunse i 4.000 gradi centigradi in un raggio di oltre 4 chilometri, seguita da un sinistro fungo di fumo. Centoquarantamila dei 350 mila abitanti della città morirono sul colpo, ma l'esplosione atomica lasciò per anni sulla città una sinistra scia di morte e sofferenza. Alla fine, a Hiroshima le vittime accertate della bomba atomica furono 221.823, con quelle che hanno perso la vita per i danni provocati dalle radiazioni nucleari.

Il 6 novembre 1945, Lewis riportò l'Enola Gay negli Stati Uniti, atterrando alla nuova base del 509° squadrone Roswell Army Air Field, New Mexico, l'8 novembre.

Il 29 aprile 1946, l'Enola Gay abbandonò Roswell come parte dell'Operation Crossroads e volò a Kwajalein il 1° maggio. Non fu scelto per effettuare il test di sgancio all'Atollo di Bikini e abbandonò Kwajalein il 1° luglio, il giorno stesso del test, e raggiunse il Fairfield-Suisun Army Air Field, California, il giorno seguente.

La decisione venne presa per preservare l'aereo e il 24 luglio 1946 fu spostato alla Davis-Monthan Air Force Base, Arizona, al fine di prepararlo per il deposito.

Il 30 agosto la proprietà del velivolo fu trasferita allo Smithsonian Institution e fu rimosso dall'inventario USAAF; da

129

allora venne immagazzinato provvisoriamente in una serie di posizioni:

- 1° settembre 1946, Davis-Monthan AFB.
- 3 luglio 1949, Orchard Place Air Field, Park Ridge, Illinois, pilotato qui dal generale Tibbets per accettazione dallo Smithsonian.
- 12 gennaio 1952, Pyote Air Force Base, Texas, spostato dopo che la posizione di O'Hare's fu confermata.
- 2 dicembre 1953, Andrews Air Force Base, Maryland.
- 10 agosto 1960, lo smontaggio all'Andrews fu iniziato da personale dello Smithsonian.
- 21 luglio 1961, i componenti furono trasportati al centro di deposito dello Smithsonian a Suitland, Maryland.

La ristrutturazione iniziò definitivamente il 5 dicembre 1984 al Centro di Preservazione, Ristrutturazione e Deposito "Paul E. Garber" di Suitland.

L'Enola Gay si trovò al centro di una controversia allo Smithsonian Institution nel 1994, quando il museo mise in mostra la sua fusoliera come parte dell'esposizione che commemorava il cinquantenario del bombardamento atomico di Hiroshima. L'esposizione "The Crossroads: The End of World War II, the Atomic Bomb, and the Cold War" venne preparata dal National Air and Space Museum dello Smithsonian e allestita attorno a una versione restaurata dell'Enola Gay.

I critici, in particolare l'American Legion e la Air Force Association, accusarono che l'esposizione si concentrava troppo sulle vittime della bomba, invece che sui motivi che portarono al bombardamento o sulla discussione del ruolo che ebbe nel porre fine alla guerra.

L'esposizione portò all'attenzione nazionale molte durature questioni accademiche e politiche, legate a visioni retrospettive del bombardamento, e alla fine, dopo tentativi di rivedere l'esposizione in modo da soddisfare i vari gruppi in competizione, la stessa venne annullata il 30 gennaio 1995, anche se la fusoliera andò comunque in mostra. Il 18 maggio 1998 la fusoliera venne restituita alla Garber Facility per il restauro finale. Da allora l'intero aereo è stato restaurato per esposizioni statiche ed è attualmente uno dei principali pezzi in mostra al National Air and Space Museum nei pressi dell'Aeroporto Internazionale Dulles.

Come conseguenza della controversia citata in precedenza, i pannelli informativi attorno all'aereo riportano solo gli stessi succinti dati tecnici comuni agli altri aerei presenti nel museo, senza discussione delle questioni controverse. L'aereo è protetto con vari mezzi per impedire una ripetizione dei vandalismi che vennero tentati contro di esso la prima volta che venne messo in mostra. Le quattro eliche in alluminio, che vennero usate durante la missione di bombardamento per risparmiare peso, sono finite alla Texas A&M University.

Una di queste, ridotta a 3 metri, fornisce la spinta per la galleria del vento a bassa velocità Oran W. Nicks.

Un motore elettrico da 1.250 kVA fornisce una rotazione costante (900 RPM) e l'inclinazione delle pale dell'elica (passo) viene variata per controllare la velocità del vento (fino a 320 chilometri orari) nel tunnel.

Il 25 luglio lo stato maggiore dell'esercito diede l'ordine di procedere all'attacco e una settimana dopo il servizio meteorologico dichiarò che l'attacco poteva procedere.

Il 5 agosto Tibbets rivelò ai suoi uomini che avrebbero sganciato una bomba nucleare e spiegò come si sarebbe svolta la missione.

- In tutto avrebbero partecipato sette aerei: tre su Hiroshima, uno con la bomba e gli altri con strumenti scientifici e fotografici, tre in missioni meteorologiche e un settimo sarebbe stato tenuto di scorta sull'isola di Iwo Jima, a metà strada tra Tinian e il Giappone.

I bombardieri avrebbero viaggiato in pieno giorno, in modo da poter identificare il loro bersaglio senza possibilità di errore, e avrebbero viaggiato abbastanza in alto da essere praticamente invulnerabili all'artiglieria contraerea giapponese.

Ma viaggiare di giorno significava che i giapponesi avrebbero potuto individuare gli aerei e attaccarli con i caccia: per questo venne deciso di inviare gli aerei senza scorta, in modo che i giapponesi pensassero ad una semplice missione di ricognizione.

Nella notte tra il 5 e il 6 agosto quasi nessun membro del 509 dormì. Alle 2.44 Tibbets decollò con il suo equipaggio di 11 persone per il viaggio di sei ore e mezza verso il Giappone. Alle 8.05 arrivarono in vista della città e pochi minuti dopo l'aereo sorvolò il bersaglio: il ponte Aioi sul fiume Ota.

Diciassette secondi dopo le 8.15, l'Enola Gay sganciò la bomba e Tibbets fece virare bruscamente l'aereo. Quarantatré secondi dopo la bomba raggiunse l'altezza prevista per l'esplosione: 580 metri sopra il livello del mare. Alle ore 8.16 minuti esatti il meccanismo di sparo si attivò e all'interno della bomba il proiettile di uranio sub-critico venne sparato contro l'altra massa di uranio in fondo alla bomba, innescando la reazione a catena.

- In circa un milionesimo di secondo la bomba raggiunse una temperatura di diversi milioni di gradi, superiore a quella che si trova all'interno del nucleo del sole.

Dopo circa un decimo di secondo la bomba non c'era più e al suo posto nel cielo di Hiroshima si era formata una palla di fuoco con un diametro di quindici metri e una temperatura superficiale di circa 300 mila gradi.

Il primo effetto della bomba fu una pioggia di radiazioni che cadde in un raggio di un paio di chilometri dal punto dell'esplosione. Essere colti all'aperto e a poche centinaia di metri dal punto dell'esplosione significava morire quasi istantaneamente, mentre fino a un paio di chilometri la dose di radiazioni era sufficiente a uccidere dopo qualche settimana di terribili sofferenze.

Non furono in molti ad avere il tempo di essere uccisi in questo modo: dopo due decimi di secondo dall'esplosione la bomba emise un enorme ammontare di onde elettromagnetiche infrarosse.

- Era il famoso "flash", che venne visto a decine di chilometri di distanza e consumò il 35 per cento di tutta l'energia dell'esplosione.

A seicento metri il flash era tanto forte da incendiare qualunque cosa fosse combustibile: a un paio di chilometri di distanza era ancora abbastanza intenso da accecare e infliggere ustioni di terzo grado.

Le superfici chiare riflettevano più luce di quelle scure e molti cittadini di Hiroshima subirono ustioni che seguivano le fantasie e i disegni dei loro vestiti.

L'equipaggio dell'Enola Gay era stato dotato di speciali occhiali per evitare di rimanere accecato, ma Tibbets ricordò di essere stato sopraffatto dall'intensità del flash anche se ormai dava la schiena all'esplosione. La luce era così forte che la percepì persino nella bocca: «Sapeva di piombo», raccontò.

- Nonostante l'effetto del flash, le fiamme libere non ebbero il tempo di svilupparsi perché circa un secondo dopo l'esplosione la palla di fuoco raggiunse la sua massima estensione: 300 metri di diametro.

A quel punto la bomba generò una potentissima onda d'urto che assorbì il 50% di tutta l'energia liberata dall'esplosione.

- In un raggio di seicento metri la pressione fu così intensa da sbriciolare gli edifici di acciaio e cemento.

L'onda d'urto tanto temuta da Oppennheimer raggiunse l'Enola Gay circa due minuti dopo il lancio.

Un membro dell'equipaggio che si trovava nella coda dell'aereo disse agli autori di "Enola Gay" che era come se «l'anello di un pianeta distante si fosse staccato e ora venisse verso di noi».

Quando l'anello colpì l'aereo tutti sobbalzarono violentemente, ma l'Enola Gay resse il colpo e sei ore e mezza dopo atterrò di nuovo a Tinian.

- Circa 80 mila persone vennero uccise all'istante o morirono nell'incendio che coinvolse la città per le 24 ore successive al bombardamento: questa almeno è la stima dei morti fatta dai primi soccorritori giapponesi ed è quella che è poi rimasta nei libri di storia.

Il numero reale dei morti, probabilmente, non si conoscerà mai.

- Migliaia di persone continuarono a morire nelle settimane successive a causa delle ustioni o per le ferite riportate nello scoppio.

Molte persone furono portate negli ospedali di tutto il Giappone e di loro, nelle statistiche, si perse traccia; lo stesso accadde a molti di coloro che nei giorni successivi morirono a causa dell'avvelenamento da radiazioni.

- Tibbets non ebbe mai sensi di colpa per essere stato l'autore materiale del bombardamento.

In una delle sue ultime interviste, data al Guardian nel 2002, spiegò che il bombardamento aveva accorciato la guerra e, quindi, l'aveva resa meno cruenta:

«Sapevo che stavamo facendo la cosa giusta perché è vero, avremmo ucciso un sacco di persone, ma per Dio, ne avremmo salvate molte di più».

È facile oggi giudicare il colonnello Tibbets come un uomo superficiale e insensibile, ma gli americani della sua generazione avevano una sensibilità morale molto diversa da quella che abbiamo oggi. Nell'agosto del 1945 gli aerei inglesi e americani avevano già ucciso centinaia di migliaia di civili bombardando con armi convenzionali le città di Germania e Giappone.

Per chi non aveva ancora vissuto l'incubo della Guerra Fredda e della "mutua distruzione assicurata", la bomba atomica era soltanto un ulteriore passo nella scala di distruzione che era già stata inflitta nel corso dei sei anni di precedenti di guerra.

- Un modo come un altro per accorciare la guerra e risparmiare al mondo ulteriori e forse peggiori sofferenze.

La seriosa signora Enola Gay non ebbe mai occasione di raccontare cosa pensasse di Hiroshima, della bomba e di suo figlio.

Ma quando sentì per la prima volta alla radio il nome dell'aereo che aveva volato su Hiroshima, raccontò il padre a Paul: «Avresti dovuto vedere come ridacchiava».

Circa un'ora prima del bombardamento la rete radar giapponese lanciò l'allarme immediato sull'avvicinamento di aerei Usa nella zona meridionale del Paese.

L'annuncio venne diffuso in radio in moltissime città tra cui anche Hiroshima, ma alle 8.00 l'allarme sulla città fu ridimensionato per la presenza di un basso numero di velivoli americani: i bombardieri Enola Gay e The Great Artiste e l'aereo Necessary Evil che aveva l'unico compito di documentare con fotografie gli effetti della bomba atomica.

- L'allarme aereo su Hiroshima non venne, quindi, azionato e alle 8 e 14 minuti e 45 secondi l'Enola Gay sganciò l'ordigno "Little Boy": l'esplosione distrusse circa il 90% degli edifici, tra cui tutti i 51 templi della città.

A Tokyo le prime informazioni su ciò che era realmente successo a Hiroshima arrivarono circa 16 ore dopo l'attacco nucleare, quando la Casa Bianca fece un annuncio pubblico.

L'avvelenamento da radiazioni e le necrosi provocarono malattie e morte, nei mesi successivi, a circa il 20% dei sopravvissuti all'esplosione.

- Alla fine del 1945 il bilancio delle persone uccise dalla bomba atomica di Hiroshima arrivò a circa 200.000.

I due bombardamenti nucleari costrinsero il governo giapponese alla resa che avvenne il 15 agosto 1945, decretando la fine della Seconda guerra mondiale.
Da allora il Giappone è tra i principali promotori dell'abolizione delle armi nucleari in tutto il mondo.

Little Boy

Little Boy fu il nome in codice della bomba Mk.1, la seconda bomba atomica costruita nell'ambito del Progetto Manhattan, nome in codice del programma di ricerca condotto dagli Stati Uniti durante la seconda guerra mondiale, che portò alla realizzazione delle prime bombe atomiche, e la prima arma nucleare della storia a essere stata utilizzata in un conflitto attraverso il bombardamento di Hiroshima durante gli ultimi giorni della seconda guerra mondiale.

- Per realizzare questa bomba furono utilizzati ossidi di uranio di diversa qualità e provenienza.

La maggior parte di esso venne arricchito negli impianti dell'Oak Ridge National Laboratory nel Tennessee, principalmente tramite il metodo della diffusione gassosa di esafluoruro di uranio, in modo marginale con altre tecniche.

La Mk.1 era dotata di un involucro di forma convenzionale, in acciaio, lungo 3 metri e con diametro di 0,71 metri, e pesava 4.037 chilogrammi.

Si trattava di una bomba atomica "gun type" con materiale fissile costituito da uranio fortemente arricchito: il "proiettile" di uranio 235 arricchito era del peso di 38,53 chilogrammi e il bersaglio, parimenti di uranio arricchito, pesava 25,6 chilogrammi.

- La bomba conteneva, dunque, complessivamente 64,13 chilogrammi di uranio 235 arricchito all'80%, pari a 2,4 masse critiche.

Il proiettile consisteva in un cilindro cavo composto da nove rondelle mentre il bersaglio era un cilindro composto da sei rondelle con un diametro del foro interno pari a 25,4 millimetri, ossia quello necessario per contenere una barra d'acciaio del medesimo diametro che avrebbe costituito la "spina dorsale" della massa super-critica.

"Little Boy", la prima bomba atomica ad avere uso operativo.

Il bersaglio fu completato il 24 luglio 1945 laddove le rondelle che avrebbero composto il proiettile furono fuse tra il 15 giugno 1945 e il 3 luglio dello stesso anno.

La canna era una normale canna d'arma antiaerea modificata, lunga 183 centimetri, con un diametro esterno di 165 millimetri e un calibro di 76 millimetri e in grado di resistere a una pressione di 2.700 Bar.

Le canne furono provate sparando per ciascuna due o tre colpi con proiettili da 90 chilogrammi alla velocità di 300 metri al secondo.

Era stato calcolato che l'attività fissile della massa critica di "Little Boy" durava in tutto 1,35 millisecondi e che la prima parte della quale, di durata pari a 0,5 millisecondi, avveniva durante l'avvicinamento del proiettile al bersaglio, e quindi ancor prima dell'unione delle due masse sub-critiche.

- In caso di mancato avvio della reazione a catena, alcuni iniziatori "ABNER" in lega di berillio-polonio avrebbero funto da fonte di neutroni in grado di innescare esternamente la reazione.

La decisione di aggiungere gli "ABNER" al meccanismo di innesco fu presa da Robert Oppenheimer solamente il giorno 15 marzo 1945.

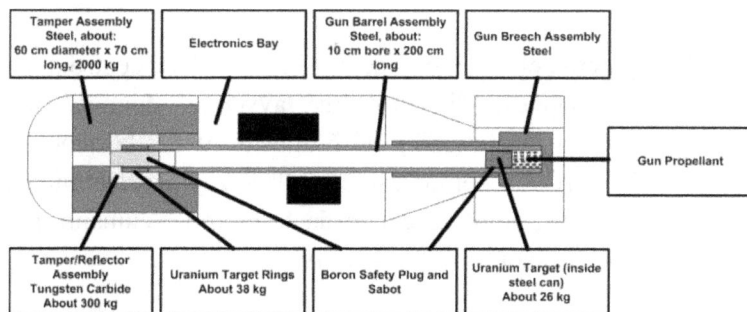

Tamper Assembly Steel, about: 60 cm diameter x 70 cm long, 2000 kg

Electronics Bay

Gun Barrel Assembly Steel, about: 10 cm bore x 200 cm long

Gun Breech Assembly Steel

Gun Propellant

Tamper/Reflector Assembly Tungsten Carbide About 300 kg

Uranium Target Rings About 38 kg

Boron Safety Plug and Sabot

Uranium Target (inside steel can) About 26 kg

Schema interno della bomba

In conseguenza di ciò, sedici di questi iniziatori furono inviati direttamente alla base militare statunitense dell'isola di Tinian (arcipelago delle Marianne) nell'Oceano Pacifico, dove si stava procedendo all'assemblaggio definitivo della bomba, e quattro di loro furono montati per la prima volta in essa.

I componenti di "Little Boy" furono inviati nell'isola di Tinian a partire dal mese di maggio del 1945, ossia ancora prima che fosse stato effettuato il "Trinity test".

L'incrociatore Indianapolis, partendo il 16 luglio 1945 da San Francisco e arrivando sull'isola dieci giorni dopo, trasportò le parti per costituire il corpo della bomba e il proiettile mentre tre aerei C-54 portarono il bersaglio il 28 luglio 1945.

- La bomba (denominata "L11") fu allestita il 31 luglio 1945.

Il suo uso era stato originariamente pianificato prima per il 1° agosto 1945 e in seguito per il 3 agosto 1945, ma le cattive condizioni meteorologiche impedirono il decollo del bombardiere in tali giorni.

Il 4 agosto 1945 fu, quindi, stabilito di decollare due giorni dopo e così il giorno successivo la bomba fu caricata nella stiva del bombardiere pesante strategico Boeing B-29-45-MO Superfortress della United States Army Air Forces (numero di serie 44-86292) ribattezzato, appunto, con lo pseudonimo di "Enola Gay".

- Lo sgancio della bomba Mk.1 "Little Boy" sul centro della città giapponese di Hiroshima avvenne, dunque, alle 8:15:17 ora locale (JST) del 6 agosto 1945 alla quota di 9.467 metri e la bomba esplose all'altezza predeterminata di 580 metri, come calcolato da John von Neumann, per sortire i maggiori effetti distruttivi.

Il responsabile al puntamento, il colonnello Thomas Wilson Ferebee, aveva preso di mira, attraverso l'apparecchio di puntamento di tipo Norden del bombardiere, il ponte a forma di "T" Aioi sul fiume Ota che venne mancato per meno di 250 metri.

L'energia liberata nell'esplosione era stata inizialmente calcolata tra i 12,5 e i 18 chilotoni (cioè tra i 52 e i 66 TJ). Ciò nonostante, per diversi anni non vi fu mai una stima precisa e la potenza valutata fu di volta in volta indicata tra i 12,5 e i 20 chilotoni.

- Uno studio più accurato condotto nel 2002 ha accertato che, realisticamente, la potenza sviluppata fu di circa 16 chilotoni cioè 63 TJ e che, dunque, solo 0,7 chilogrammi dei 64,13 chilogrammi di uranio arricchito complessivamente contenuti nella bomba (pari all'1,1%) subirono la fissione nell'esplosione.

A Hiroshima morirono istantaneamente per l'esplosione nucleare tra le 66.000 e le 78.000 persone e una cifra simile rimase ferita.
Un numero elevato di persone sono morte nei mesi e negli anni successivi a causa delle radiazioni e molte donne incinte persero i loro figli o diedero alla luce bambini deformi.
La detonazione di "Little Boy" è stata la prima esplosione nucleare della storia basata sull'uranio (il "Trinity test" aveva, infatti, fatto uso di un'arma al plutonio).

- La bomba "Little Boy" era, dunque, un prototipo non provato e, ai fatti, il suo lancio su Hiroshima rappresentò, quindi, un vero e proprio test di funzionamento.

I precedenti esperimenti di fissione controllata dell'uranio avevano permesso agli scienziati di confezionare un'arma senza la necessità di eseguire un vero test prima dell'utilizzo sul campo.
Inoltre, gli Stati Uniti non disponevano prima della fine del secondo conflitto mondiale di uranio arricchito in quantità sufficiente da poter realizzare una bomba all'uranio sperimentale prima dell'impiego di "Little Boy": infine, il materiale nucleare era molto costoso e, quindi, si preferiva non utilizzarlo per i test.
Sebbene il disegno di "Little Boy" sia stato occasionalmente utilizzato in altri progetti sperimentali, in sostanza il suo progetto

basato sul sistema di detonazione balistico, anche se era concettualmente molto semplice da sviluppare, venne, comunque, abbandonato quasi subito dato che, per ragioni di carattere tecnico, è meno efficiente di quello a implosione ed è anche meno sicuro.

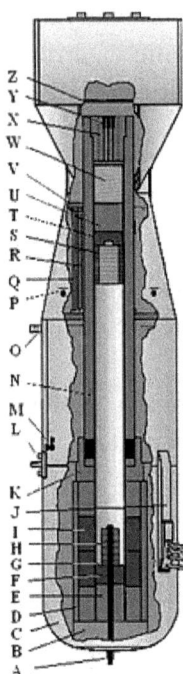

Sezione trasversale della bomba Y-1852 *Little Boy* che mostra la posizione dei principali componenti meccanici. Il disegno è in scala. I numeri fra parentesi indicano il numero di componenti identici di ciascun gruppo. Non sono mostrati il radar APS-13, il contenitore del *timer* coi cavi, interruttori e cablaggi del misuratore di pressione, le batterie e i cablaggi elettrici (John Coster-Mullen)

Z) Piastra corazzata (culatta)
Y) Detonatore elettrico Mark XV
X) Culatta con massa battente rimovibile
W) Cartucce di cordite in polvere (4)
V) Manicotto di rinforzo del cannone
U) Fondello d'acciaio del proiettile
T) Coprifondello in carburo di tungsteno
S) Proiettile d'U-235, composto da (9) anelli
R) Barre di allineamento
Q) Tubo corazzato contenente il cablaggio del detonatore (3)
P) Ingressi del misuratore di pressione atmosferica (8)
O) Prese elettriche (3)
N) Canna del cannone (cal. 6.5")
M) Sicura
L) Gancio di sollevamento
K) Flangia di collegamento fra cannone e blocco-bersaglio
J) Sistema di antenne *Yagi* (4)
I) Manicotto cilindrico in quattro sezioni di carburo di tungsteno da 13"
H) Bersaglio: (6) anelli di U-235
G) Iniziatori (o "attivatori") in polonio-berillio (4)
F) Chiusura rimovibile del manicotto in carburo di tungsteno
E) Incudine per l'assorbimento dell'impatto
D) Contenitore d'acciaio K-46 del bersaglio
C) Involucro del bersaglio
B) Chiusura rimovibile in acciaio da 15" di accesso al blocco-bersaglio
A) Coperchio fissato ad una barra d'acciaio da 1" che tiene il bersaglio

Una rottura accidentale della bomba, l'accelerazione prodotta dall'involontario sganciamento prima del tempo o la sua caduta in acqua avrebbe potuto, infatti, rilasciare dosi letali di radiazioni o, in casi estremi, produrre anche una detonazione involontaria.

Vediamo adesso come funzionava, schematicamente, Little Boy quando la bomba veniva sganciata dal B-29 e iniziava la caduta libera.

Durante la discesa:
- I sistemi di sicurezza si disattivavano gradualmente.
- La bomba si "armava" automaticamente.

I sensori interni controllavano:
- Altezza dal suolo (altimetri radar).
- Corretto funzionamento dei circuiti.
- Attivazione delle batterie.

Quando la bomba raggiungeva l'altezza prevista:
- Una carica convenzionale spingeva un cilindro di uranio.
- Questo colpiva un altro pezzo di uranio.
- Insieme formavano una massa critica.

Quando la massa critica si formava:
- Iniziava una reazione a catena di fissione.
- Gli atomi di uranio si dividevano.
- Si liberava un'enorme quantità di energia in una frazione di secondo .

Il risultato fu:
- Un'esplosione di circa 15 kilotoni.
- Temperatura di migliaia di gradi.
- Onda d'urto devastante.

Curiosità interessante:
- Little Boy era considerata una bomba relativamente semplice come design.
- Non fu mai testata prima dell'uso (a differenza di Fat Man).
- Usava circa 64 kg di uranio-235, ma meno di 1 kg subì realmente fissione.

Cronologia della missione

02:45 - Decollo
- L'Enola Gay decolla dall'isola di Tinian
- Peso totale: circa 65 tonnellate
- A bordo: 12 membri dell'equipaggio

03:00–05:00 - Salita e rotta
- L'aereo sale fino a circa 9.700 metri
- Si dirige verso il Giappone
- Altri B-29 partecipano come aerei meteo e aerei di osservazione

05:55 - Controllo meteo. Uno degli aerei di supporto conferma:
- Cielo sereno sopra Hiroshima
- Condizioni ideali per bombardamento visivo

06:30 - Armamento della bomba. Il capitano William Sterling Parsons:
- Entra nel vano bombe
- Rimuove le sicure
- Arma la bomba manualmente
- Questo fu fatto in volo per sicurezza.

07:30 - Avvicinamento finale
- L'equipaggio indossa occhiali protettivi
- Si preparano alla detonazione
- Si fanno ultimi controlli

08:09 - Inizio corsa di bombardamento
- Il bombardiere prende il controllo direzionale
- Allinea l'aereo al bersaglio, il ponte Aioi (punto di riferimento)

08:15:17 - Sgancio della bomba
- La bomba viene sganciata a circa 9.470 metri

- Tempo di caduta: circa 43 secondi

08:15:30 - Manovra di fuga. Subito dopo lo sgancio:
- Virata di circa 155°
- Discesa rapida per allontanarsi
- Massima potenza ai motori

08:16:00 - Esplosione.
- La bomba esplode a circa 600 metri di altezza

Effetti immediati:
- Flash luminoso accecante
- Palla di fuoco
- Temperatura di migliaia di gradi

08:16–08:20 - Onda d'urto
- L'equipaggio sente due forti onde d'urto
- L'aereo viene scosso violentemente
- Un membro dell'equipaggio disse: "Sembrava che l'aereo fosse stato colpito da un gigantesco pugno."

08:20–09:00 - Osservazione della distruzione. L'equipaggio osserva:
- Nube a fungo che sale oltre 12.000 metri
- Incendi diffusi
- Città devastata

12:00 - Ritorno alla base. Dopo circa 6 ore:
- L'Enola Gay ritorna a Tinian
- Atterraggio senza problemi

Dopo l'atterraggio:
- Debriefing immediato
- Analisi della missione
- Comunicazione del successo dell'operazione

Dati rapidi della missione:
- Durata totale: circa 12 ore

- Altezza esplosione: ~600 m
- Potenza: ~15 kilotoni
- Velocità Enola Gay: ~550 km/h

Hiroshima subito dopo l'esplosione

0 - 1 minuto: il lampo e l'onda d'urto. Alle 08:16 la bomba esplose a circa 600 metri sopra la città. Subito si verificarono:

- Un flash di luce intensissimo
- Un'enorme palla di fuoco
- Una temperatura estremamente elevata vicino all'ipocentro
- Una potente onda d'urto
- Molti edifici nel raggio di circa 1 - 2 km furono gravemente danneggiati o distrutti.

1 - 3 minuti: incendi diffusi. Subito dopo:

- Scoppiarono numerosi incendi
- Linee elettriche e del gas distrutte contribuirono ai fuochi
- Molte strutture in legno presero fuoco rapidamente
- Hiroshima aveva molte costruzioni in legno, il che favorì la propagazione degli incendi.

3 - 5 minuti: nube a fungo e oscuramento del cielo. La nube:

- Salì rapidamente per chilometri
- Trasportò polvere e detriti
- Oscurò parzialmente il cielo
- In alcune zone si verificò una specie di oscuramento temporaneo dovuto a fumo e polveri.

5 - 10 minuti: caos e tentativi di fuga. Nei primi minuti successivi:

- Molti sopravvissuti cercavano rifugi
- Le comunicazioni erano interrotte
- I soccorsi organizzati non erano ancora possibili

- Molte infrastrutture della città erano state danneggiate, rendendo difficile coordinare gli aiuti immediati.

Dati generali dei primi minuti. Stime storiche indicano che:
- Circa 70.000 - 80.000 persone morirono entro le prime ore/giorni (stime variabili degli storici).
- Circa il 70% degli edifici fu distrutto o gravemente danneggiato.

Il flash fu così intenso che fu visibile a decine di chilometri, durò meno di un secondo e produsse un'energia luminosa enorme: alcuni testimoni parlarono di una luce "più brillante del sole".
- L'onda d'urto viaggiava a centinaia di km/h e ruppe finestre fino a molti chilometri, fece crollare edifici fragili proiettando detriti nelle strade.

Un fenomeno importante fu quello che gli storici chiamano: tempesta di fuoco (firestorm).
- Succede quando molti incendi si uniscono, l'aria calda sale rapidamente e nuova aria entra alimentando le fiamme.

Questo fenomeno avvenne anche in bombardamenti convenzionali come quelli su Tokyo nel 1945.
Per quanto riguarda le comunicazioni, nei primi minuti i telefoni andarono fuori uso, le centrali elettriche furono distrutte e le linee ferroviarie interrotte.
Le autorità giapponesi inizialmente non capirono subito cosa fosse successo, perché il contatto con Hiroshima si interruppe improvvisamente.

Bockscar

Bockscar (o anche Bock's Car o Bocks Car) è il bombardiere B-29 Superfortress, esemplare numero 44-27297, che sganciò "Fat Man", il nome dato alla seconda bomba atomica che colpì la città di Nagasaki, in Giappone, il 9 agosto 1945.

- Questo secondo lancio segnò di fatto il termine della Seconda guerra mondiale.

Il giorno del lancio l'equipaggio non era quello abituale ma quello di un altro B-29, il "The Great Artiste", e al comando c'era il maggiore Charles W. Sweeney del Massachusetts.
L'obiettivo primario era Kokura, ma quel giorno il cielo era oscurato dalle nuvole: dato che il comandante aveva l'ordine di sganciare in condizioni di massima visibilità, si dovette procedere verso l'obiettivo secondario, Nagasaki. Anche lì il cielo era nuvoloso, ma dato che il carburante stava rapidamente diminuendo e il maggiore Sweeney non voleva abbandonare la bomba in mare, si decise di procedere con un bombardamento radar.

- Ci fu però un'apertura abbastanza grande nelle nuvole da permettere l'identificazione a vista della città: la bomba fu lanciata a 3/4 miglia dal punto pianificato ed esplose a circa 500 metri di altezza.

Questo causò un numero relativamente inferiore di vittime (40.000 persone) rispetto al primo bombardamento, perché lo scoppio venne contenuto dalla valle Urakami.
Il B-29 non ebbe abbastanza carburante per tornare alla base di Tinian o di Iwo Jima e il comandante fu costretto a un atterraggio di emergenza nell'isola di Okinawa, praticamente senza carburante.

Secondo le teorie dei comandi dell'United States Army Air Forces (USAAF), la distruzione delle due città avrebbe dovuto far capire ai giapponesi la volontà e la capacità americana di condurre questi attacchi fin quando avrebbero voluto.

Molti ritengono che i due bombardamenti atomici abbiano dato un grande impulso alla resa giapponese, ponendo definitivamente fine alla Seconda guerra mondiale.

Dayton, Ohio - Boeing B-29 Superfortress "Bockscar" presso il Museo Nazionale della United States Air Force

Altri, invece, sostengono che i giapponesi stavano già organizzando la resa, chiedendo all'Unione Sovietica di intervenire come mediatore, e che i due bombardamenti, assolutamente disumani e immorali, in quanto causa della morte di centinaia di migliaia di civili, ebbero il solo risultato di accelerare la resa.

A volte ci si riferisce a questo aereo come "Bocks Car" o "Bock's Car": il nome dipinto sul muso dopo la missione non ha l'apostrofo ed è tutto in lettere maiuscole.

Il nome fu dato dal pilota dell'equipaggio regolare, Frederick C. Bock.

Inizialmente ci fu confusione sul nome dell'aereo perché inizialmente la stampa dichiarò che la seconda bomba fu sganciata dal Great Artiste: avrebbe, infatti, dovuto essere questo secondo aereo a sganciarla, ma quando fu chiaro che non c'era abbastanza tempo per trasferire la strumentazione dal Great Artiste al Bockscar, gli equipaggi furono scambiati.

- Il Bocks Car venne ritirato dal servizio nel settembre 1946 e fu semi-abbandonato vicino Tucson, in Arizona.

Vi rimase fino al settembre del 1961, quando venne trasportato ed esposto al National Museum of the United States Air Force alla base aerea di Wright-Patterson vicino Dayton (Ohio).

- Vicino all'aereo un cartello recita:
  "The aircraft that ended WWII" ("L'aereo che pose fine alla Seconda guerra mondiale").

Equipaggio della missione "Fat Man":

- Maggiore Charles W. Sweeney, pilota.
- Capitano James Van Pelt, navigatore.
- Cap. Raymond "Kermit" Beahan, addetto al bombardamento.
- Tenente Charles Donald Albury, copilota.
- Sottotenente Fred Olivi, copilota.
- Caporale Abe Spitzer, operatore radio.
- Sergente maggiore John D. Kuharek, ingegnere di bordo.
- Sgt. Ray Gallagher, mitragliere, assistente ingegnere di bordo.

- Sgt. Edward Buckley, operatore radar.
- Sgt. Albert Dehart, mitragliere di coda.

A bordo era presente anche personale della Marina:

- Cmdr Frederick L. Ashworth, addetto alla bomba.
- Lt. Philip Barnes, assistente dell'ammiraglio.
- Lt. Jacob Beser, addetto alle contromisure radio.

Fat Man

Fat Man fu il criptonimo della bomba Model 1561 (Mk.2), la terza bomba atomica approntata nell'ambito del Progetto Manhattan che, al pari di "Little Boy", trovò anch'essa un'applicazione militare, come secondo e ultimo ordigno nucleare mai adoperato in combattimento, con l'incursione su Nagasaki, al termine del secondo conflitto mondiale.

Riproduzione in scala reale della bomba chiamata "Fat Man"

La Model 1561 Mk.2 era lunga 2,34 metri, con un diametro di 1,52 metri, e pesava 4.545 chilogrammi.
Dal punto di vista costruttivo, si trattava di una bomba grosso modo simile a "The Gadget".
La sfera di 140 centimetri di diametro intelaiata in dural era racchiusa in un involucro esterno aerodinamico a forma di cocomero a cui si erano aggiunti ulteriori componenti necessari per il carico, il trasporto, l'armamento e l'uso della bomba sul

teatro di battaglia, come fusibili di sicurezza, sistema radar, cardini, coda stabilizzante in alluminio, barometro, orologi, antenna.

Schema della bomba:

1. Esplosivo ad alto potenziale.
2. Esplosivo a basso potenziale.
3. Intelaiatura.
4. Iniziatori a neutroni.
5. Nucleo di plutonio.
6. Onda d'urto sferica di compressione del nucleo.

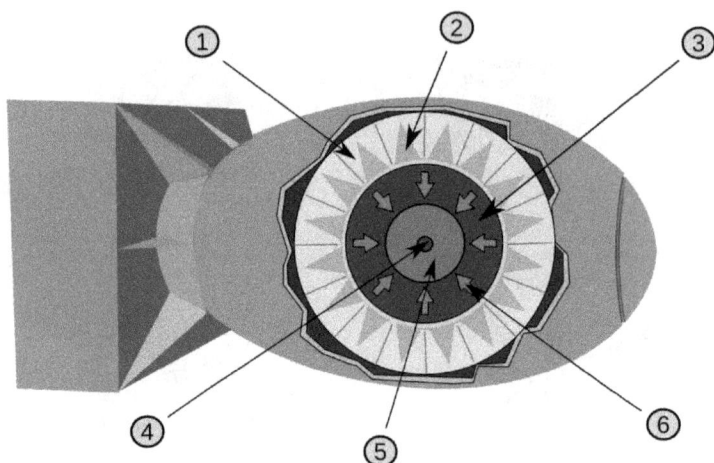

Elenco dei componenti principali della bomba:

1. Fusibili di sicurezza.
2. Antenna radar.
3. Batteria utilizzata dai detonatori per produrre l'esplosione.
4. X-Unit, unità che gestisce i detonatori.
5. Cardini per spostare la bomba.
6. Esplosivo a forma pentagonale (12 unità intorno al nucleo, formato da esplosivo sia ad alto che a basso potenziale).

154

7. Esplosivo a forma esagonale (20 unità intorno al nucleo, formato da esplosivo sia ad alto che a basso potenziale).
8. Coda stabilizzante in alluminio.
9. Intelaiatura di Dural dal diametro di 140 centimetri.
10. Coni contenenti il nucleo.
11. Celle esplosive (esplosivo sia ad alto che a basso potenziale).
12. Materiale nucleare (vedi immagine della sezione del "Christy Gadget" per i dettagli interni).
13. Piastra con gli strumenti (radar barometro e orologi).
14. Collettore Barotube.

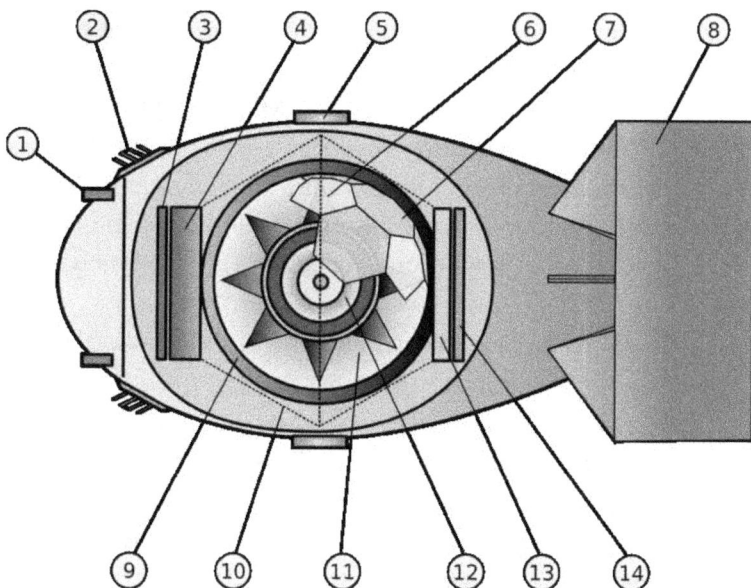

Il 9 agosto 1945 alle 11:02 ora locale la bomba Model 1561 "Fat Man" fu sganciata dal bombardiere B-29 delle United States Army Air Forces denominato "BOCKSCAR" (dello stesso reparto dell'"Enola Gay") pilotato dal maggiore Charles Sweeney sullo stabilimento Mitsubishi della città di Nagasaki in Giappone.

La bomba esplose a un'altezza di 550 metri sulla città e sviluppò una potenza di 25 chilotoni, una potenza, dunque, molto più elevata di quella della bomba "Little Boy" che esplose tre giorni prima su Hiroshima ma, dato che Nagasaki era costruita su un terreno collinoso, il numero di morti fu inferiore a quelli prodotti dalla prima bomba.

Fat Man fu lanciata tre giorni dopo l'attacco su Hiroshima, ponendo istantaneamente fine alla vita di 70.000 persone: altre migliaia sarebbero morte in seguito a causa delle radiazioni.

Gli Stati uniti d'America produssero un numero ridotto di bombe di tipo "Fat Man" (che nella sua versione definitiva, denominata Mk.3, aveva un potenziale di 19-23 chilotoni) dopo la guerra.

Queste bombe erano, infatti, molto delicate e non adatte per una lunga conservazione.

Il progetto venne ripreso dalla bomba "Mk.4 Fat Man" che era simile nel principio ma progettata per essere accumulata per lunghi periodi, adatta a un utilizzo anche per non esperti e dotata di un sistema di detonazione molto più sicuro ed efficiente: era basato su 60 punti di implosione rispetto ai 32 della bomba "Fat Man".

- Hiroshima è la data di nascita e Nagasaki quella di morte della bomba atomica come arma strategica.

Il fatto è che le bombe atomiche si sono rivelate l'equivalente di un cannone antiaereo per sparare ai passeri.

- La ragione per cui non sono mai state usate dopo Hiroshima non è morale ma pratica.

Il loro uso è stato contemplato varie volte, in Corea e Vietnam, fra gli altri, ma è sempre stato escluso per lo stesso motivo: le atomiche vanno bene per la propaganda, dove la loro potenza espressa in multipli di quella di Hiroshima fa impressione, ma non in guerra perché sono troppo distruttive.

Non puoi neanche perlustrare quello che hai conquistato: peggio ancora, se le usi la loro stupida distruttività diventa ovvia.
Meglio tenerle come spaventapasseri.

Una colonna di fumo ondeggiante a forma di fungo s'innalza a chilometri di altezza sulla città giapponese di Nagasaki.

Nella notte fra il nove e il 10 marzo del 1945 varie incursioni americane distrussero completamente buona parte di Tokyo, uccidendo 120.000 persone e rendendo senzatetto 1 milione di persone.

Robert McNamara, che era parte del personale raccolto da Curtis LeMay per progettare il bombardamento, lo riteneva un crimine di guerra.

"Nessuno lo sa. Cosa rende così diverso il morire bruciati dal fosforo a Tokyo dal crepare di radiazioni atomiche a Hiroshima? E i carnefici di quella notte sono gli stessi che hanno organizzato processi per crimini di guerra a carico dei giapponesi. Era necessario?"

- Il bombardamento di Tokyo, e non il bombardamento Hiroshima o Nagasaki, è il peggior bombardamento della storia.

Il bombardamento di Akita

Il 14 Agosto 1945, dalla base avanzata americana nell'Oceano Pacifico (isola di Guam), presero il volo, per la più lunga trasvolata della Seconda Guerra Mondiale, 7.800 km andata e ritorno, 143 superfortezze volanti B-29 appartenenti al 315° Gruppo da bombardamento americano.

L'intento di questa lunga trasvolata era quella di andare a bombardare le raffinerie di petrolio della città giapponese di Akita, in quanto queste raffinerie erano l'ultima speranza per il Giappone per poter continuare la guerra. A distanza di una settimana dallo sgancio delle due bombe Atomiche sulle città di Hiroschima e Nagasaki, l'Impero del sol levante non dava ancora segni di volersi arrendere alla strapotenza americana.

- Tanto che il Presidente U.S.A. Truman aveva pensato di invadere l'intero Giappone oppure continuare a martellare le città giapponesi con bombe Atomiche fino a un numero di sette, tante quante ne erano state costruite dagli americani fino a quella data,.

Calcolando quanto sarebbe costata un'invasione del Giappone in vite umane, calcolando inoltre a quali radiazioni sarebbero stati sottoposti i soldati americani avanzando in uno scenario bombardato da numerose bombe Atomiche, si giunse alla conclusione che per il momento era sufficiente un bombardamento strategico per distruggere le raffinerie della città di Akita.

Il 14 Agosto 1945 alle 13,00 con il rumore assordante di centinaia di motori stellari presero, quindi, il volo dall'isola di Guam 143 superfortezze volanti B29.

Al Quartier Generale giapponese a Tokio, dei militari cospiratori stavano tramando "contro la Pace".

Il Maggiore dell'esercito giapponese Hatanaka con circa 1.000 uomini prese in ostaggio l'Imperatore Hiroito e lo recluse nel suo palazzo: nel frattempo, lo stesso Imperatore aveva già fimato l'atto di resa incondizionata unitamente ai suoi consiglieri militari e aveva inciso su due dischi il discorso da fare alla Nazione.

In seguito all'incursione delle fortezze volanti B29 su Tokio (altri aerei proseguiranno per la città di Akita) fu tolta l'energia elettrica a tutta la città e il Maggiore Hatanaka nell'oscurità non riuscì a trovare i dischi dov'era stato registrato il discorso che annunciava la resa incondizionata del Giappone, da annunciarsi alla Radio in data 15 Agosto 1945.

Intanto, la quasi totalità dei B-29 arrivò sulla città giapponese di Akita e sganciò sul bersaglio, depositi di benzina e raffinerie di petrolio, tutto il suo carico di bombe distruggendo il 98% dell'impianto.

Il Capo formazione, che volava sul B-29 denominato Boomerang, in quanto ritornato indenne alla base dopo dieci missioni pericolose, diede ordine di rientrare alla base comunicando allo Strategic Air Command "Missione compiuta".

In Giappone i cospiratori saranno passati per le armi o faranno Karakiri.

Durante il rientro la formazione di B29 riceverà un messaggio Radiotelegrafico in codice "Mela" che significava che il Giappone si era arreso agli Americani senza porre condizioni.

- La seconda Guerra Mondiale poteva considerarsi conclusa.

Consolidated B-32 Dominator

Il Consolidated B-32 Dominator fu un bombardiere strategico, quadrimotore a elica e ala alta, sviluppato dall'azienda aeronautica statunitense Consolidated Aircraft Corporation nei primi anni quaranta.

Prodotto a partire dal 1942 e destinato a sostituire il precedente B-24 Liberator, il B-32 fu, inoltre, concepito per essere "la ruota di scorta" dell'USAF, nel caso di fallimento del tecnologicamente avanzato, ma anche rischioso, programma che doveva portare alla produzione del B-29 Superfortress.

Rispetto a quest'ultimo, il B-32 era un aereo meno sofisticato, con una progettazione poco innovativa che lo rese simile al precedente B-24, pur essendo molto ingrandito e potenziato, e dotato di un'unica deriva, come nel caso del Consolidated PB4Y-2 Privateer.

Costruito in soli 115 esemplari, non ebbe molto successo nelle poche operazioni belliche della Seconda guerra mondiale cui prese parte, dimostrandosi un duro avversario per i caccia giapponesi, ma anche pericolosamente soggetto a incidenti mortali.

- Nonostante le pecche, il B-32 era pur sempre, nel campo degli aerei della seconda guerra mondiale, un modello secondo in potenza solo al B-29 e con caratteristiche a esso assai simili.

La Consolidated scelse inizialmente in nome Terminator, ma nell'agosto 1944 il Technical Subcommittee on naming aircraft propose di cambiarlo in Dominator, scelta accettata dalla Consolidated. In seguito nell'estate del 1945 l'Assistant Secretary of State Archibald Mac Leish criticò il nome definendolo inadatto a un aereo americano per cui si tornò al nome Terminator subito prima della cancellazione del programma.

Come gli altri aerei prodotti in quel periodo, i B-32 vennero consegnati non verniciati a parte il pannello antiriflesso sopra al muso di fronte alla cabina e le capottature dei motori ai lati interni che erano verde oliva scuro FS34087 per evitare che i riflessi del sole sulle superfici metalliche potessero abbagliare l'equipaggio; arrivati al reparto venivano eventualmente mimetizzati a discrezione del comandante.

Storia

Il progetto del B-29 Superfortress iniziò a metà del 1938: nel giugno del 1940 l'USAAF chiese alla Consolidated un progetto alternativo come riserva in caso di problemi nello sviluppo del B-29.

La Consolidated propose il Model 33 derivato dal B-24, un progetto simile anche se di dimensioni maggiori, e come il B-24 era caratterizzato dall'ala Davis ad alto allungamento, da un impennaggio dotato di due derive a disco e dai portelli della stiva bombe scorrevoli, ma la fusoliera era più grande, a sezione circolare, e il muso era arrotondato.

Per la propulsione erano previsti motori Wright R-3350 Super Cyclone da 2.200 hp con eliche Curtiss Electric tripala, gli stessi del B-29, cabina pressurizzata e un armamento difensivo basato

163

su quattordici mitragliatrici Browning M2 calibro 12,7 mm in torrette controllate a distanza, il tutto per il peso totale previsto di 45.814 Kg. L'USAAF firmò un contratto per tre prototipi XB-32 il 6 settembre 1940, lo stesso giorno dell'ordine per il prototipo XB-29 della Boeing.

Il primo XB-32 numero 41-141, venne costruito nello stabilimento della Consolidated di Forth Worth in Texas e volò per la prima volta il 7 settembre 1942. Questo primo prototipo era privo del sistema di pressurizzazione, delle torrette difensive e dei portelli del carrello perché davano ancora alcuni problemi.

- Il prototipo aveva motori R-3350-13 alle gondole interne e R-3350-21 alle gondole esterne.
- Le eliche dei motori interni avevano la possibilità di inversione del passo per ridurre la corsa d'atterraggio. Durante la fase di prove in volo i motori diedero problemi a causa di perdite d'olio e del raffreddamento inadeguato.

L'XB-32 "41-141" era equipaggiato con otto mitragliatrici da 12,7 mm in due torrette dorsali e due ventrali più due mitragliatrici da 12,7 mm e un cannone da 20 mm in ogni gondola motore esterna sparanti all'indietro,controllate a distanza, e una mitragliatrice da 12,7 mm in ogni ala all'esterno delle eliche, per un totale di 20 mitragliatrici.

Il 17 marzo 1943 l'USAAF sottoscrisse un contratto di fornitura per trecento B-32 nonostante continuassero i problemi al prototipo.

Il 10 maggio 1943 il primo XB-32 si schiantò in decollo dopo avere compiuto trenta voli di collaudo a causa di un guasto agli ipersostentatori: il 2 luglio 1943 volò per la prima volta il secondo XB-32, il numero 41-142.

Dopo alcuni collaudi l'USAAF richiese una revisione del progetto iniziale che avrebbe dovuto adottare numerose modifiche, tra le quali una suddivisione dell'armamento difensivo più tradizionale a causa di problemi con le torrette comandate a distanza.

Di conseguenza venne ridotto a 10 il numero delle mitragliatrici M2 da 12,7 mm così suddivise:

- Due in una torretta frontale Sperry A-17.
- Due in una torretta dorsale Martin A-18 dietro alla cabina.
- Due in una torretta dorsale Martin A-18 davanti alla deriva.
- Due in una torretta ventrale Sperry retrattile.
- Due in una torretta caudale Sperry A-17.

I problemi relativi al sistema di pressurizzazione non vennero mai risolti per cui si decise di eliminarlo per gli aerei di serie e di non utilizzarli ad alta quota.

Il carico bellico venne aumentato da 1.814 kg a 9.072 kg: inoltre, vennero introdotti un nuovo sistema di puntamento e sgancio delle bombe e nuove eliche quadripala.

Il secondo XB-32 continuò ad avere problemi di stabilità, e, per risolverli, dopo il venticinquesimo volo venne montata una coda a deriva singola simile a quella del B-29, ma senza risultati.

Il terzo XB-32, numero 41-18336, volò per la prima volta il 3 novembre 1943 con una coda di nuova progettazione con deriva alta 5,9 metri.

Impiego

Inizialmente l'USAAF considerava il B-32 come un progetto di riserva nel caso di ritardi o fallimento del B-29, ma, il successo del B-29 e i ritardi del programma resero il B-32 non più necessario.

I piani dell'USAAF per riequipaggiare con i B-32 i gruppi di volo dell'Eighth e Fifteenth Air Force prima del loro trasferimento nel Pacifico vennero resi impossibili dalla consegna di soli cinque B-32 entro la fine del 1944, mentre il B-29 era già in piena produzione e impiego da parte della Twelfth Air Force.

La consegna dei primi B-32 iniziò quando il generale George Kenney, comandante della Fifth Air Force e delle forze aeree alleate nel Pacifico sud occidentale andò a Washington per chiedere dei B-29: poiché per i B-29 la priorità era il bombardamento strategico la richiesta venne respinta, per cui Kenney chiese i B-32.

Kenney venne autorizzato a provare i nuovi aerei in missioni reali, per questo venne definita una serie di missioni di prova e un piano per riequipaggiare con i B-32 due dei quattro squadron del 312th Bomb Group, all'epoca tutti su Douglas A-20 Havoc.

Il 12 maggio 1945 tre B-32 partirono da Forth Worth diretti alla base di Clark Field sull'isola di Luzon nelle Filippine, dove arrivarono due il 24 e il terzo il 25, e vennero assegnati al 386th Bomb Squadron del 312th Bomb Group per una serie di undici missioni di prova completate il 17 giugno.

- Gli equipaggi rimasero positivamente impressionati dalle prestazioni di atterraggio corto possibili grazie all'ala Davis e agli inversori di passo delle eliche sui motori interni.

166

Trovarono anche diversi difetti: la cabina era molto rumorosa, la disposizione della strumentazione inadatta, la visuale del bombardiere limitata: inoltre, l'aereo era molto pesante e gli incendi ai motori erano frequenti.

- Il 29 maggio 1945 i B-32 compirono la prima missione di bombardamento contro un deposito di rifornimenti ad Antatet sull'isola di Luzon nelle Filippine.
- Il 15 giugno due B-32 sganciarono sedici bombe da 907 kg su una raffineria di zucchero a Taito sull'isola di Taiwan.
- Il 22 giugno un B-32 attaccò con bombe da 227 kg una distilleria d'alcol a Heito sull'isola di Taiwan, lo stesso giorno un altro B-32 mancò con bombe a frammentazione da 118 kg delle postazioni d'artiglieria contraerea.
- Il 25 giugno venne eseguita l'ultima missione d'attacco a dei ponti presso Kiirun sull'isola di Taiwan.

Le missioni di prova furono giudicate complessivamente positive, quindi, nel luglio successivo, il 386th Bomb Squadron completò la transizione sul B-32 e compì altre sei missioni prima della fine della guerra.

Il 13 agosto il 386th Bomb Squadron venne trasferito alla Yontan Air Base, nei pressi di Yomitan sull'isola di Okinawa, per eseguire missioni di ricognizione fotografica per verificare il rispetto delle condizioni di resa da parte dei giapponesi.

Nei giorni successivi arrivarono altri sei B-32. Durante una di queste missioni, i B-32 vennero attaccati, il 17 agosto, dalla contraerea e dai caccia giapponesi, rivendicando un abbattimento certo e due probabili. Il 18 agosto una formazione di quattro Mitsubishi A6M "Zero" e tre Kawanishi N1K2-J Shiden-Kai attaccarono quattro B-32 impegnati in missioni di ricognizione fotografica sul Giappone: questo fu l'ultimo combattimento aereo della guerra.

Il B-32 numero 42-108532 "Hobo Queen II" venne gravemente danneggiato, uno degli operatori fotografici venne ferito e un altro ucciso, l'ultima vittima in combattimento della seconda guerra mondiale tra gli alleati.

Il suo equipaggio rivendicò l'abbattimento di due Zero e il probabile abbattimento di uno Shiden-Kai.

Linea di assemblaggio consolidato TB-32 Dominator a Fort Worth, Texas.

La produzione del B-32, di cui erano già stati ordinati altri 1.598 esemplari, venne cancellata l'8 settembre 1945 e terminò il 12 ottobre, con la costruzione di soli 118 Dominator:

- 3 esemplari di XB-32
- 75 esemplari di B-32
- 40 esemplari di TB-32.

L'ultima missione di ricognizione fotografica venne eseguita il 28 agosto: lo stesso giorno due B-32 andarono distrutti in due diversi incidenti che causarono la morte di quindici dei ventisei uomini d'equipaggio. Il 386th Bomb Squadron terminò le operazioni il 30 agosto.

Tutti i B-32 vennero accantonati all'Aerospace Maintenance And Regeneration Center (AMARC) sulla Davis-Monthan Air Force Base in Arizona e successivamente demoliti, l'ultimo, il numero 42-108474, inizialmente destinato al National Museum of the United States Air Force nei pressi della Wright-Patterson Air Force Base (base aerea Wright-Patterson) in Ohio, venne dichiarato surplus e demolito a Davis-Monthan nell'agosto 1949.

Versioni

- XB-32 - Tre prototipi impiegati per i voli di collaudo durante lo sviluppo del progetto.

- B-32A - Versione di serie da bombardamento.
  Il primo B-32 di serie, numero 42-108471, venne consegnato all'USAAF il 19 settembre 1944 con una deriva simile a quella del B-29. Lo stesso giorno ebbe un incidente in atterraggio per cedimento del carrello anteriore.
  Vennero prodotti 75 aerei di questa versione.

- TB-32 - Versione da addestramento disarmata e con avionica semplificata. Aveva circa 320 kg di zavorra distribuiti per mantenere il baricentro. Il primo TB-32A venne consegnato il 27 gennaio 1945.
  Vennero prodotti 40 aerei di questa versione dopo i primi quattordici B-32A.

Caratteristiche tecniche

Dimensioni e pesi

- Equipaggio: 10 uomini
- Lunghezza: 25,03 metri
- Apertura alare: 41,16 metri
- Altezza: 9,81 metri
- Superficie alare: 132,20 m2
- Peso a vuoto: 27.400 Kg
- Peso carico: 45.722 Kg
- Peso massimo al decollo: 56.023 Kg

Propulsione

- Motore: 4 radiali Wright R-3350-23A turbocompressi
- Potenza: 2.200 hp (1.641 kW) ciascuno

Prestazioni

- Velocità massima: 575 km/h a 9.150 metri
- Velocità di crociera: 467 km/h
- Velocità di salita: 5,3 m/sec
- Autonomia: 6.118 km
- Tangenza: 9.360 metri

Armamento

- Mitragliatrici: 10 Browning M2 calibro 12,7
- Bombe: 9.100 kg

Boeing B-50 Superfortress

Il Boeing B-50 Superfortress era un bombardiere strategico quadrimotore, statunitense, sviluppato dopo la seconda guerra mondiale come evoluzione del Boeing B-29 Superfortress.

Il progetto fu modificato sostituendo i motori con i più potenti radiali Pratt & Whitney R-4360, una struttura rinforzata, timone di coda più alto e altri miglioramenti.

- Fu l'ultimo bombardiere con motore a pistoni progettato dalla Boeing per l'United States Air Force con la quale rimase in servizio per quasi venti anni.

Lo sviluppo di una versione migliorata del B-29 iniziò nel 1944 con lo scopo di sostituire gli inaffidabili motori Wright R-3350 con i più potenti radiali Pratt & Whitney R-4360 Wasp-Major da 28 cilindri su quattro file.

Un B-29A-5-BN, denominato XB-44 Superfortress, numero di serie 42-93845, fu modificato dalla Pratt & Whitney come banco prova per l'installazione dei motori R-4360-33 da 3.000 Hp (2.240 kW), per rimpiazzare i quattro R-3350 da 2.200 Hp (1.640 kW) ed effettuò il primo volo nel maggio 1945.

Il previsto B-29D, equipaggiato con i motori Wasp-Major più potenti, avrebbe dovuto incorporare ulteriori importanti modifiche oltre quelle motoristiche provate con il B-44: tra queste, l'uso di una nuova lega di alluminio, la 75-S, al posto della 24ST utilizzata in precedenza.

La nuova lega avrebbe consentito la costruzione di ali più resistenti e nello stesso tempo più leggere.

Il carrello d'atterraggio sarebbe stato rinforzato per supportare pesi fino a 18.200 kg maggiori rispetto al B-29.

Era previsto anche un timone verticale maggiore, ripiegabile per consentire l'accesso negli hangar esistenti e flap maggiorati necessari per il maggior peso complessivo dell'aeromobile.

171

L'armamento era simile a quello del B-29, costituito da due vani bombe in grado di trasportare un totale di 9.100 kg di bombe più ulteriori 3.600 kg caricati esternamente, mentre l'armamento difensivo consisteva in 13 mitragliatrici calibro 12,7 mm e in 12 mitragliatrici e un cannoncino calibro 20 mm in cinque torrette.

Venne emesso un ordine per 200 B-29D nel giugno 1945, ma la fine della seconda guerra mondiale nell'agosto 1945 portò alla cancellazione di massa di tutti gli ordini per forniture militari, compreso l'ordine per 5.000 B-29 cancellato nel settembre 1945. Nel dicembre dello stesso anno, l'ordine per i B-29D fu tagliato da 200 a 60 esemplari e nello stesso tempo la denominazione del velivolo mutò in B-50.

Impiego

La Boeing costruì 370 B-50 suddivisi tra vari modelli e varianti nel periodo tra il 1947 e il 1953, con le versioni aerocisterna e ricognitore meteorologico che rimasero in servizio fino al 1965.

I primi B-50A furono consegnati nel giugno 1948 al 43d Bombardment Wing dello Strategic Air Command, di base presso Davis-Monthan AFB in Arizona.

I B-50A vennero consegnati anche al 2d Bombardment Wing con base Chatham AFB in Georgia, mentre il 93d Bombardment Wing di Castle AFB in California e il 509th Bombardment Wing di Walker AFB nel Nuovo Messico furono equipaggiati con i B-50Ds successivamente nel 1949.

Il quinto e ultimo stormo del SAC a ricevere i B-50D fu il 97th Bombardment Wing con base a Biggs AFB, in Texas nel dicembre 1950: la missione assegnata a questi stormi da bombardamento prevedeva la capacità di sganciare bombe atomiche su bersagli nemici, ricevendo ordini direttamente dal Presidente degli Stati Uniti.

Il 301st Bombardment Wing della MacDill AFB in Florida ricevette alcuni B-50A riassegnati da Davis-Monthan all'inizio del 1951, ma li impiegò solo per addestramento, nell'attesa di riceve i B-47A Stratojet nel giugno 1951.

- Era, infatti, pianificato che il B-50 sarebbe stato l'unico bombardiere strategico ad interim in attesa della introduzione del B-47 Stratojet.

I ritardi, però, di quest'ultimo modello, obbligarono i B-50 a prolungare la permanenza in servizio nel SAC per tutti gli anni cinquanta.

Nel 1949, venne sviluppata una versione da ricognizione strategica del B-50B, la RB-50, nata per sostituire i vecchi RB-29 utilizzati dal SAC nelle operazioni di intelligence contro l'allora Unione Sovietica. Vi furono tre diverse configurazioni prodotte, che furono in seguito ridesignate RB-50E, RB-50F e RG-50G.

- L'RB-50E era specializzato nella ricognizione fotografica e nelle missioni di osservazione.
- L'RB-50F assomigliava all'RB-50E, ma imbarcava il sistema radar di navigazione SHORAN progettato per condurre campagne di misure cartografiche e geodetiche.
- L'RB-50G era specializzato nella ricognizione elettronica.

Questi aerei erano principalmente in servizio con il 55th Strategic Reconnaissance Wing; RB-50E, ma furono anche utilizzati dal 91st Strategic Reconnaissance Wing come rimpiazzi degli RB-29 da ricognizione fotografica sulla Corea del Nord nel corso della Guerra di Corea.

I vasti confini a nord della Unione Sovietica erano completamente non presidiati in molte parti agli inizi della guerra fredda, esistendo poca copertura radar e, comunque, poche capacità di individuazione dei bersagli. Gli RB-50 del 55th SRW effettuarono molte missioni lungo questi confini e, talvolta, quando necessario, anche all'interno dello spazio aereo sovietico: all'inizio vi fu scarsa opposizione a causa della insufficiente copertura radar e, comunque, anche in caso di scoperta dell'intrusione, gli aerei da caccia sovietici dell'epoca, tecnologicamente fermi alla seconda guerra mondiale, non erano in grado di intercettare gli RB-50 alle alte quote dove operavano.

L'entrata in servizio degli intercettori MiG-15 nei primi anni cinquanta rese le operazioni di sconfinamento eccessivamente pericolose e vi furono alcuni Superfortess abbattuti con i relitti esaminati dagli esperti di spionaggio sovietico: le missioni di RB-50 sul territorio dell'Unione Sovietica terminarono nel 1954, quando l'aereo venne rimpiazzato dall'RB-47 Stratojet in grado di volare ad altitudini ancora maggiori e con velocità quasi supersoniche.

Il B-47 Stratojet fu prodotto in grande numero a partire dal 1953 e finì per rimpiazzare i B-50D del SAC in servizio con l'ultimo Superfortess ritirato nel 1955.

Finito l'impiego con il SAC, un gran numero di velivoli fu modificato e trasformato in aerocisterne assumendo la denominazione KB-50, oppure, vennero convertiti come aerei per ricognizione meteorologica assumendo il nome WB-50 e passati in carico all'Air Weather Service.

I KB-50, con la loro motorizzazione superiore rispetto a quella dei KB-29 in uso al Tactical Air Command, si rivelarono più adatti al compito di rifornire i caccia tattici con motore a getto, quali l'F-100 Super Sabre. KB-50 e in seguito KB-50J con motori a getto J-47, furono usati dal TAC e anche dall'USAFE e dalla PACAF nel ruolo di rifornitori.

Alcuni vennero dislocati in Thailandia ed effettuarono missioni di rifornimento in volo nei cieli dell'Indocina nei primi anni della guerra del Vietnam, fino a che non vennero ritirati dal servizio nel marzo 1965 a causa della scoperta di fenomeni di fatica del metallo e corrosione, individuati durante le indagini sul KB-50J, numero 48-065, precipitato il 14 ottobre 1964.

Oltre alla conversione in aerocisterna, vi fu quella per venire incontro alle esigenze dell'Air Weather Service che nel 1955 aveva in pratica esaurito le capacità di continuare a volare delle propria flotta di WB-29 impiegati per la caccia agli uragani e altre missioni di ricognizione meteorologica.

Trentasei B-50D del SAC vennero privati dell'armamento ed equipaggiati con radar meteorologici a lungo raggio e rinominati WB-50: questi velivoli potevano volare più in alto e più veloci dei precedenti WB-29 ed ebbero un ruolo importante nella crisi dei missili di Cuba, quando mantenero sotto controllo la situazione meteorologica intorno a Cuba, in modo da poter pianificare le missioni di ricognizione fotografica.

Sebbene le missioni per gli studi meteorologici sono considerate come missioni in tempo di pace, la pericolosa caccia agli uragani pagò, comunque, un alto tributo di vittime, con 66 aviatori scomparsi a causa di 13 incidenti che coinvolsero i WB-50 nel corso della loro carriera di dieci anni.

Anche per questi aerei venne decretato il ritiro dal servizio nel 1965 dopo gli esiti dell'indagine sul KB-50J che portarono alla scoperta dei fenomeni di cedimento strutturale e corrosione sulle cellule.

Nessun B-50 rimane oggi in condizioni di volo, sebbene alcuni esemplari siano conservati in musei in mostra statica.

Caratteristiche tecniche

Dimensioni e pesi

- Equipaggio: 11 uomini
- Lunghezza: 30,20 metri
- Apertura alare: 43,10 metri
- Altezza: 9,75 metri
- Superficie alare: 160 m^2
- Peso a vuoto: 36.800 Kg
- Peso massimo al decollo: 76.560 Kg
- Esemplari prodotti: circa 400

Propulsione

- Motore: 4 radiali Pratt & Whitney R-4360 turbocompressi radiali a 28 cilindri
- Potenza: 3.500 hp (2.240 kW) ciascuno

Prestazioni

- Velocità massima: 620 km/h
- Autonomia: 7.600 km
- Tangenza: 11.200 metri

Armamento

- Mitragliatrici: 10 Browning M2 calibro 12,7 mm
- Cannoni: 1 da 20 mm
- Bombe: fino a 12.720 kg

Convair B-36

Il Convair B-36 tra il 1947 e il 1958 è stato il bombardiere intercontinentale per eccellenza in forza allo Strategic Air Command statunitense: pur non avendo mai ricevuto un nome ufficiale, venne soprannominato Peacemaker (Pacificatore) in base alla proposta avanzata dalla stessa Convair, a seguito di un concorso lanciato tra i dipendenti dell'azienda per trovare un nome al velivolo.

Gli equipaggi, invece, lo soprannominarono Magnesium Overcast.

- Il B-36 è il più grande aereo da bombardamento mai costruito, con i suoi 6 motori da 3.600 hp e l'aggiunta successiva di 4 turbogetti.

Rimase in servizio fino al 1958, quando le sue prestazioni vennero superate sia dai jet da caccia, sia dalla nuova generazione di bombardieri, come il B-52.

Il Convair B-36 fu il risultato di una specifica dell'United States Army Air Corps, risalente al 1941: all'epoca, di fronte alla possibilità che la Germania occupasse il Regno Unito, le autorità statunitensi richiesero un bombardiere intercontinentale con il quale poter colpire il nemico partendo dalle basi nella madre patria.

La specifica in questione prevedeva un velivolo che fosse in grado di trasportare oltre 4.500 kg di bombe a circa 5.500 km e che fosse in grado di volare a oltre 480 km/h a un'altezza massima di 10.760 metri.

Al termine della selezione, tra varie proposte, la scelta dell'USAAC premiò il Model 37 della Consolidated Aircraft Corporation, che sarebbe successivamente confluita nella Convair: il 15 novembre 1941 l'USAAC firmò l'ordine per due prototipi designati XB-36.

Si trattava del progetto di un aereo mastodontico, che presentava l'insolita configurazione con sei motori disposti in posizione spingente, impennaggio a deriva doppia, ripresa da quella del B-24, e cabina di pilotaggio non sporgente dal diametro della fusoliera, come già per il Boeing B-29.

Prima ancora di vedere la luce il progetto fu sottoposto a diverse modifiche, tra le quali la principale riguardò i piani di coda che acquisirono la configurazione definitiva con la singola deriva al termine della fusoliera.

Il primo prototipo completato lasciò la fabbrica l'8 settembre 1945, ma occorsero 11 mesi prima che potesse compiere il primo volo, l'8 agosto 1946: le prime prove di volo furono soddisfacenti, anche se evidenziarono la scarsa visibilità dalla cabina di pilotaggio che nel secondo esemplare fu rialzata e dotata di un tettuccio a bolla.

Tra le altre modifiche decise dopo le prime prove, l'installazione di una postazione all'estrema prua per un mitragliere con due mitragliatrici. I primi esemplari di serie furono consegnati ai reparti nell'agosto del 1948, mentre era da poco cominciata la produzione della versione B-36B che era dotata di armamento difensivo completo, costituito da 16 cannoncini da 20 mm alloggiati a coppie in otto torrette: una di prua e una di coda mentre le altre erano disposte lungo la fusoliera in postazioni telecomandate e retrattili, per mezzo di portelloni scorrevoli.

Nel 1947 fu proposto un velivolo da trasporto sviluppato dal progetto del B-36: un velivolo dalle enormi dimensioni, più grande di un Boeing 747, con la fusoliera riprogettata e dotata di doppio ponte per 410 soldati completamente equipaggiati o, in versione ospedale, 300 feriti. Dopo l'iniziale interesse della American Airlines, l'XC-99, come l'aereo venne denominato, non ebbe sviluppi produttivi e il prototipo fu impiegato dall'USAF come trasporto fino al 1957.

La ricerca di potenze propulsive sempre più elevate si dimostrò determinante per lo sviluppo del B-36: dapprima fu proposta una versione con motori nella più classica configurazione a eliche traenti, scartata, poi furono potenziati i motori già impiegati, che passarono da 3.000 a 3.500 hp.

Il prototipo XB-36 di fianco a un B-29

In ultimo un B-36B fu dotato di motori turbogetto installati a coppie in gondole sotto le semiali: i motori installati erano inizialmente quattro Allison J35, presto sostituiti da altrettanti General Electric J47 che sviluppavano 23,05 kN.

In base al miglioramento delle prestazioni, tutti i velivoli preesistenti furono adeguati a questo standard.

Il passo successivo fu un progetto modificato che, pur riproponendo la fusoliera originale, presentava ali a freccia e motorizzazione esclusivamente a turbogetto con 8 Pratt & Whitney J57 disposti in 4 gondole accoppiate agganciate alle semiali.

Questo velivolo, inizialmente indicato come B-36G, volò nell'aprile del 1952 ma fu presto ridesignato YB-60; presentato in risposta alla specifica che avrebbe portato al successore del B-36, fu surclassato dal Boeing B-52 Stratofortress.

Lo sviluppo della cellula del B-36 era, dunque, giunto a maturità; le versioni successive, la parte preponderante della produzione del velivolo, furono caratterizzate da affinamenti del progetto: dapprima furono migliorati gli apparati radar e gli impianti interni (B-36H) poi furono installati serbatoi nei tronchi alari esterni e irrobustito il carrello di atterraggio (B-36J).

Furono costruite altre versioni in relazione ai progetti speciali pensati dallo Strategic Air Command dell'USAF.

Il B-36, considerando tutte le versioni prodotte, fu in servizio con lo Strategic Air Command dell'United States Air Force tra il 1948 e il 1958: le basi dalle quali operò nei diversi reparti erano tutte sul continente americano e a Portorico anche se, con una certa frequenza, venivano rischierati all'estero, soprattutto in Gran Bretagna.

Il primo reparto equipaggiato con il Peacemaker fu il 7th Bombardment Wing, operante nella Carswell AFB, nei pressi di Fort Worth, Texas: sul lato opposto dell'aeroporto erano situati gli stabilimenti della Convair.

Nel corso della sua vita operativa il B-36 non venne mai impiegato in operazioni di guerra, ma il suo nome rimarrà legato a diversi progetti sperimentali che lo videro impegnato a lungo.

Tra gli altri eventi degni di nota ci furono senz'altro due incidenti che coinvolsero velivoli che stavano operando con un ordigno nucleare a bordo, evento definito, in codice, Broken Arrow.

Il primo di questi ebbe luogo il 13 febbraio 1950 quando l'equipaggio del B-36B, numero di serie 44-92075, fu costretto ad abbandonare il velivolo a seguito di un incendio ai motori al largo della Columbia Britannica: l'ordigno, una bomba Mk 4 non armata, venne sganciato dall'equipaggio prima di abbandonare l'aereo.

Nel secondo caso, il 22 maggio 1957 l'equipaggio di un B-36 sganciò accidentalmente una bomba all'idrogeno "Mark 17" in una zona deserta prima di atterrare alla Kirtland AFB di Albuquerque, Nuovo Messico: anche in questo caso la bomba non era armata e si ebbe solamente l'esplosione dell'esplosivo convenzionale.

Entrambi questi incidenti rimasero coperti dal segreto per decenni.

Il B-36 era un grande monoplano ad ala alta, con fusoliera di sezione circolare: il volume interno era di circa 510 m^3 e addirittura nelle ali vi erano gallerie, che consentivano la manutenzione dei motori, alte oltre 2,10 metri; in tal modo vi si poteva accedere in posizione eretta. L'altezza dell'impennaggio verticale, 14,22 metri, spesso costringeva a tenere la coda all'esterno degli hangar.

I sei motori a pistoni che equipaggiavano il Peacemaker fin dal progetto originale erano i radiali Pratt & Whitney R-4360: questi grossi motori a 28 cilindri, disposti su 4 stelle, furono il motore stellare più potente mai prodotto per l'aviazione.

I motori erano disposti in posizione spingente, anche se tale disposizione causò qualche problema: il progetto dei motori era realizzato per la più consueta posizione traente e in particolare era previsto che i carburatori venissero riscaldati, soprattutto alle quote più elevate, dal flusso d'aria proveniente dai cilindri.

In questo caso il flusso d'aria investiva direttamente i carburatori, senza alcuna possibilità di riscaldarli: in particolare, in presenza di umidità, si rischiava la formazione di ghiaccio nelle prese d'aria dei carburatori che, modificando la composizione della miscela aria/carburante, portava all'aumento della produzione di gas incombusti, che a loro volta potevano prendere fuoco improvvisamente fino a determinare, in casi estremi, la perdita del velivolo.

A partire dalla versione B-36D ai motori a pistoni venne affiancato l'impiego di turbogetti: vennero installate, in una gondola subalare situata nella parte esterna di ciascuna semiala, due coppie di motori General Electric J47 che garantirono un significativo incremento nelle prestazioni del velivolo, in termini di velocità e capacità di carico.

Suddiviso in quattro vani bombe, il B-36 era in grado di trasportare normalmente 21.000 kg di bombe, ma era possibile, riducendo l'autonomia operativa, arrivare a trasportarne fino a 39.000 kg: si trattava di oltre 10 volte le possibilità di un B-17.

Il B-36 non venne progettato come bombardiere nucleare, non fosse altro perché, all'epoca, tali armi non erano che un progetto: in ogni caso il B-36 assunse tale ruolo non appena entrato in servizio e rimase l'unico mezzo in grado di sganciare le grosse bombe a idrogeno Mark-17 fino all'entrata in servizio del B-52.

• Nei voli che prevedevano l'impiego di tali ordigni era necessario unificare due vani bombe attigui.

L'armamento difensivo era costituito da 16 cannoni automatici da 20 mm disposti appaiati in 8 torrette: sei erano disposte in fusoliera, quattro dorsali e due ventrali, in postazioni retrattili, mentre le due restanti erano fisse e disposte alle estremità del velivolo.

Caratteristiche tecniche

Dimensioni e pesi

- Equipaggio: 13 uomini
- Lunghezza: 49,40 metri
- Apertura alare: 70,10 metri
- Altezza: 14,22 metri
- Superficie alare: 443,32 m^2
- Peso a vuoto: 77.581 Kg
- Peso carico: 119.318 Kg
- Peso massimo al decollo: 185.976 Kg
- Esemplari prodotti: 384

Propulsione

- Motore: 6 radiali Pratt & Whitney R-4360-53 con 4 turbogetto General Electric J47
- Spinta: 2,8 kN ciascun radiale e 24 kN ciascun turbogetto

Prestazioni

- Velocità massima: 672 km/h in quota
- Velocità di crociera: 370 km/h
- Velocità di salita: 10,1 m/s
- Autonomia: 16.000 km
- Raggio di azione: 6.415 km
- Tangenza: 13.300 metri

Armamento

- Cannoni: 8 torrette, di cui 6 retraibili dentro la fusoliera, armate con due cannoni retraibili Hispano-Suiza HS.404 da 20 mm più bombe fino a 39.000 kg.

www.ingramcontent.com/pod-product-compliance
Lightning Source LLC
Chambersburg PA
CBHW060751050426
42449CB00008B/1356